中国社会科学院国情调研特大项目"精准扶贫精准脱贫百村调研"

精准扶贫精准脱贫百村调研丛书

CASE STUDIES OF TARGETED POVERTY REDUCTION AND
ALLEVIATION IN 100 VILLAGES

李培林／主编

精准扶贫精准脱贫
百村调研·新店台村卷

激发内生动力 巩固脱贫成果

朱承亮／著

社会科学文献出版社
SOCIAL SCIENCES ACADEMIC PRESS (CHINA)

中国社会科学院国情调研特大项目
"精准扶贫精准脱贫百村调研"
项目协调办公室

主　任：王子豪

成　员：檀学文　刁鹏飞　闫　珺　田　甜　曲海燕

总　序

调查研究是党的优良传统和作风。在党中央领导下，中国社会科学院一贯秉持理论联系实际的学风，并具有开展国情调研的深厚传统。1988年，中国社会科学院与全国社会科学界一起开展了百县市经济社会调查，并被列为"七五"和"八五"国家哲学社会科学重点课题，出版了《中国国情丛书——百县市经济社会调查》。1998年，国情调研视野从中观走向微观，由国家社科基金批准百村经济社会调查"九五"重点项目，出版了《中国国情丛书——百村经济社会调查》。2006年，中国社会科学院全面启动国情调研工作，先后组织实施了1000余项国情调研项目，与地方合作设立院级国情调研基地12个、所级国情调研基地59个。国情调研很好地践行了理论联系实际、实践是检验真理的唯一标准的马克思主义认识论和学风，为发挥中国社会科学院思想库和智囊团作用做出了重要贡献。

党的十八大以来，在全面建成小康社会目标指引下，中央提出了到2020年实现我国现行标准下农村贫困人口脱贫、贫困县全部"摘帽"、解决区域性整体贫困的脱贫攻坚目标。中国的减贫成就举世瞩目，如此宏大的脱贫目标世所罕见。到 2020 年实现全面精准脱贫是党的十九大提出的三大攻坚战之一，是重大的社会目标和政治任务，中国的贫困地区在此期间也将发生翻天覆地的变化，而变化的过程注定不会一帆风顺或云淡风轻。记录这个伟大的过程，总结解决这个世界性难题的经验，为完成这个攻坚战献计献策，是社会科学工作者应有的责任担当。

2016 年，中国社会科学院根据中央做出的"打赢脱贫攻坚战"战略部署，决定设立"精准扶贫精准脱贫百村调研"国情调研特大项目，集中优势人力、物力，以精准扶贫为主题，集中两年时间，开展贫困村百村调研。"精准扶贫精准脱贫百村调研"是中国社会科学院国情调研重大工程，有统一的样本村选择标准和广泛的地域分布，有明确的调研目标和统一的调研进度安排。调研的 104 个样本村，西部、中部和东部地区的比例分别为 57%、27% 和 16%，对民族地区、边境地区、片区、深度贫困地区都有专门的考虑，有望对全国贫困村有基本的代表性，对当前中国农村贫困状况和减贫、发展状况有一个横断面式的全景展示。

在以习近平同志为核心的党中央坚强领导下，党的十八大以来的中国特色社会主义实践引导中国进入中国特色社会主义新时代，我国经济社会格局正在发生深刻变化，脱贫攻坚行动顺利推进，每年实现贫困人口脱贫 1000 多万人，贫困人口从 2012 年的 9899 万人减少到 2017 年的 3046 万人，在较短时间内实现了贫困村面貌的巨大改观。中国社会科学院组建了一百支调研团队，动员了不少于 500 名科研人员的调研队伍，付出了不少于 3000 个工作日，用脚步、笔尖和镜头记录了百余个贫困村在近年来发生的巨大变化。

根据规划，每个贫困村子课题组不仅要为总课题组提供数据，还要撰写和出版村庄调研报告，这就是呈现在读者面前的"精准扶贫精准脱贫百村调研丛书"。为了达到了解国情的基本目的，总课题组拟定了调研提纲和问卷，要求各村调研都要执行基本的"规定动作"和因村而异的"自选动作"，了解和写出每个村的特色，写出脱贫路上的风采以及荆棘！对每部报告我们都组织了专家评审，由作者根据修改意见进行修改，直到达到出版要求。我们希望，这套丛书的出版能为脱贫攻坚大业写下浓重的一笔。

中共十九大的胜利召开，确立习近平新时代中国特色社会主义思想作为各项工作的指导思想，宣告中国特色社会主义进入新时代，中央做出了社会主要矛盾转化的重大判断。从现在起到 2020 年，既是全面建成小康社会的决胜期，也是迈向第二个百年奋斗目标的历史交会期。在此期间，国家强调坚决打好防范化解重大风险、精准脱贫、污染防治三大攻坚战。2018 年春节前夕，习近平总书记到深度贫困的四川凉山地区考察，就打好精准脱贫攻坚战提出八条要求，并通过脱贫攻坚三年行动计划加以推进。与此同时，为应对我国乡村发展不平衡不充分尤其突出的问题，国家适时启动了乡村振兴战略，要求到 2020 年乡村振兴取得重要进展，做好实施乡村振兴战略与打好精准脱贫攻坚战的有机衔接。通过调研，我们也发现，很多地方已经在实际工作中将脱贫攻坚与美丽乡村建设、城乡发展一体化结合在一起开展。可以预见，贫困地区的脱贫攻坚将不再只局限于贫困户脱贫，我们有充分的信心从贫困村发展看到乡村振兴的曙光和未来。

是为序！

全国人民代表大会社会建设委员会副主任委员

中国社会科学院副院长、学部委员

2018 年 10 月

前　言

　　为贯彻习近平总书记关于精准扶贫的重要指示精神,更好地发挥中国社会科学院作为党和国家思想库、智囊团的重要作用,加强对重大国情问题的调查研究,根据《关于加强和改进国情调研工作的意见》要求,2016 年中国社会科学院组织实施国情调研特大项目"精准扶贫精准脱贫百村调研"。项目对全国范围内兼具代表性和典型性的100 个贫困村开展调研,其中包括一定比例的 2010 年以来已经实现脱贫的村。调研的主要内容包括贫困村的基本状况、贫困状况及其演变、贫困的成因、减贫历程和成效、脱贫的发展思路和建议等,以及在调研过程中结合贫困村特点的专题性研究。

　　开展"精准扶贫精准脱贫百村调研"的目的是及时了解掌握我国当前处于脱贫攻坚战最前沿的贫困村的贫困状况、脱贫动态和社会经济发展趋势,从扶贫实践中总结当前取得的成绩和遇到的问题,为全面实现精准脱贫提供经验和政策建议。项目的意义在于贯彻党中央、国务院关于精准扶贫的重要思想,延展中国社会科学院国情调研传统,以及为丰富中国特色社会主义理论提供经验素材。

本课题是中国社会科学院国情调研特大项目"精准扶贫精准脱贫百村调研"的子课题之一。本课题调研的地点为新店台村。该村隶属于甘肃省敦煌市莫高镇，是我国西部边陲小镇上的一个贫困村。该村属于莫高镇最偏远的一个远郊村，具有因病致贫、因学致贫等特点。选择新店台村进行调研，还具有如下比较优势。2014年12月至2015年12月，经院党组安排，我在甘肃省敦煌市莫高镇挂职党委副书记，而本课题调研的新店台村正是我挂职期间包抓的脱贫攻坚贫困村。挂职期间，在挂职团领导的统一安排下，我们分别从村组干部和普通农户两个维度设计了两套问卷，且采用该套问卷对敦煌市9个乡镇的若干农村的经济社会发展状况进行了初步的摸底调查，其中就包括本次调研的新店台村。此外，挂职期间我还包抓了新店台村的两户精准扶贫户，通过劳务输转等措施，在挂职结束时，两户均实现了成功脱贫。挂职结束后，我仍与莫高镇

图0-1 挂职期间课题负责人与莫高镇领导班子合影

（莫高镇办公室工作人员张润拍摄，2015年11月）

领导保持密切联系，且本课题调研的相关内容也与镇领导进行过充分沟通，镇领导表示欢迎，并表示将全力配合调研组做好相关调研工作。因此，选择新店台村作为样本村进行调研，在样本典型性、调研方便性、挂职延续性等方面具有比较优势。

根据中国社会科学院国情调研特大项目"精准扶贫精准脱贫百村调研"的统一要求，课题组先后三次前往甘肃省敦煌市莫高镇新店台村进行实地调研，采用的主要调研方法包括调查问卷、个别访谈和开座谈会。

第一次调研时间是 2017 年 1 月，调研的主题是新店台村村情。调研人员主要是课题负责人本人，调研对象主要是莫高镇党委书记和镇长，以及新店台村书记和主任，主要采用的是调查问卷和个别访谈的调研方法，主要内容是对行政村进行摸底调查，填写村问卷，收集住户信息，并与镇领导和村领导就整个村的经济社会发展状况和贫困状况等问题进行座谈交流。

图 0-2　与莫高镇党委书记吴三明（左一）讨论交流
（莫高镇办公室工作人员刘文强拍摄，2017 年 1 月）

第二次调研时间是 2017 年 3 月，调研的主题是新店台村住户调查。本次调研由中国社会科学院数量经济与技术经济研究所所长李平带队，主要成员包括科研处处长韩胜军、技术经济理论方法研究室主任吴滨研究员和朱承亮副研究员、资源技术经济研究室主任刘强研究员、数量金融研究室董慧梅副研究员以及两位研究生等 9 人。此次调研主要通过问卷调查和开座谈会的形式进行。调研组采用"精准扶贫精准脱贫百村调研住户调查问卷"，按照分层抽样和随机抽样的原则，入户填写并收集了 61 份问卷（29 个建档立卡户、32 个非建档立卡户），这些问卷内容涉及住户在住房、收支、健康、子女教育以及劳动就业等方面的基本信息。此外，调研组还对 4 户建档立卡户的特困家庭进行了入户访谈，主要了解贫困户的收入来源、致贫原因、基本诉求等情况。

图 0-3　在新店台村贫困户家中填写调研问卷

（课题负责人朱承亮拍摄，2017 年 3 月）

图 0-4　在新店台村贫困户家中访谈

（莫高镇办公室工作人员刘文强拍摄，2017 年 3 月）

　　本次调研期间，我们召开了两次大规模的座谈会。第一次座谈会是在敦煌市政府召开的市级座谈会，会议由敦煌市副市长张诚主持，敦煌市出席会议的有市扶贫办、发改局、工信局、农牧局、教育局、科技局、民政局、人社局、卫计局、文广局、旅游局、莫高镇政府等部门主要负责人，会议对敦煌市的精准扶贫精准脱贫工作进行了交流讨论。第二次座谈会是莫高镇政府召开的镇级座谈会，会议由莫高镇党委副书记主持，莫高镇出席会议的有分管新店台村的副镇长、党办主任、新店台村书记、主任和村支书等，会议对莫高镇和新店台村的精准扶贫精准脱贫工作进行了交流讨论。此外，调研期间，课题组内部根据调研现状及发现的问题还进行了多次交流讨论。

　　第三次调研时间是 2017 年 6 月，调研的主题是村情和农户信息的补充性调查。调研人员主要是课题负责人本人，调研对象主要是莫高镇党委书记和镇长，以及新店台村书记和主任，主要采用的是个别访谈的调研方法，主要内容是对回收后的村问卷和农户问卷信息的补漏、核实和

图 0-5 与敦煌市政府座谈

（莫高镇办公室工作人员刘文强拍摄，2017 年 3 月）

图 0-6 与莫高镇政府座谈

（莫高镇办公室工作人员刘文强拍摄，2017 年 3 月）

图 0-7 调研组一行在莫高镇政府合影

（莫高镇办公室工作人员刘文强拍摄，2017 年 3 月）

更新，以及了解 2017 年上半年新店台村经济社会和扶贫的最新进展情况。

图 0-8　在新店台村贫困户家中做补充调研

（莫高镇办公室工作人员刘文强拍摄，2017 年 6 月）

图 0-9　在新店台村非贫困户家中做补充调研

（莫高镇办公室工作人员刘文强拍摄，2017 年 6 月）

本调研报告就是对三次入村入户调研的总结和思考，主要内容包括新店台村经济社会发展概况，基于贫困户和非贫困户对比的扶贫脱贫调查，新店台村贫困现状、致贫原因、扶贫举措、脱贫效果及存在的问题，扶贫脱贫经验启示及对策建议，等等。调研过程中，课题组得到了敦煌市委市政府、莫高镇党委政府以及新店台村村委会的大力帮助，特此感谢。

本书共有五章。第一章为新店台村经济社会发展概况。本章主要从地理区位、经济发展和社会发展三个方面对新店台村的经济社会发展情况进行了介绍。第二章为新店台村扶贫脱贫调查分析。本章在调研数据基础上，从贫困户和非贫困户对比视角，就劳动就业、生活状况、教育医疗、政治社会关系、扶贫脱贫效果评价五个方面，对新店台村的扶贫脱贫情况展开统计分析。第三章为莫高镇扶贫脱贫工作经验启示。本章总结了莫高镇扶贫脱贫工作经验，提炼了打好精准扶贫精准脱贫攻坚战"五个必须"的借鉴启示。第四章为新店台村扶贫脱贫工作现状及存在的问题。本章从贫困现状、致贫原因、扶贫举措和扶贫效果四个方面分析新店台村的扶贫脱贫工作现状，剖析扶贫脱贫工作存在的问题。第五章为新店台村扶贫脱贫对策建议。

目 录

第一章

新店台村经济社会发展概况

第一节 地理区位

　　莫高镇区位优势明显，东接瓜州，西靠敦煌市区，北邻郭家堡乡，南望莫高窟。莫高镇地处敦煌的东大门，国道313线贯穿全镇，机场、火车站等交通基础设施均坐落于此，形成了航空、铁路、公路三位一体的立体交通格局，交通运输便利，货运物流畅通，是进入敦煌市区的咽喉要道和通往莫高窟的必经之地。全镇行政区域面积142.13平方公里，耕地3万亩，辖8个行政村，53个村民小组，截至2016年底总人口1.4万人。

　　新店台村是莫高镇的8个行政村之一，属于平原地貌，村域面积约16平方公里，辖9个村小组，村委会距离莫高镇政府约5公里，距离敦煌市区约18公里。

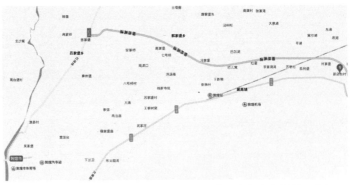

图1-1　新店台村的地理位置（图中"1"处为新店台村村委会）

资料来源：课题负责人通过百度地图截取。

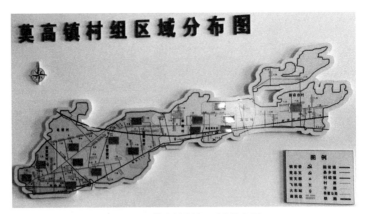

图1-2　莫高镇村组区域分布图

（课题负责人朱承亮拍摄，2017年1月）

第二节　经济发展

近年来，在敦煌市一系列稳增长、促改革、调结构、惠民生政策的指导下，莫高镇经济发展总体良好。2005~

2014 年，全镇居民收入水平明显提高，农民年人均纯收入从 4495 元逐年增长至 12396 元，年均增长率为 12%。2014 年，全镇实现农业总产值 4.9879 亿元，农业增加值 2.5154 亿元。近年来，莫高镇按照大力发展现代农业和"做精一产"的要求，以创建国家级现代农业示范园区为契机，基本完成了以窦家墩村的第二和第三产业及休闲观光农业发展区、三危村的温室蔬菜种植基地、泾桥村的千亩旱酥梨标准化生产基地、甘家堡村和五墩村的大枣标准化种植基地、苏家堡村的市现代农业节水高效示范区、新墩村的千亩葡萄标准化生产基地、新店台村的高标准肉羊养殖产业发展区等为主导的农业布局。

新店台村作为莫高镇的主要行政村，近年来经济发展呈现良好态势。新店台村产业结构以农业为主，瓜菜和玉米制种是全村的主要种植作物，养殖业以养羊为主，全村没有集体经济收入来源。2016 年，新店台村农民年人均纯收入 7342 元，主要收入来源包括本地务工、务农和非农经营。本地务工以在市内从事建筑、住宿餐饮业为主。务农以瓜菜、玉米制种和养羊为主。全村种植瓜菜制种约 600 亩，单产每亩约 35 公斤，市场均价 100 元 / 公斤；种植玉米制种约 2100 亩，单产每亩约 450 公斤，市场均价 5 元 / 公斤；养羊约 5840 头，平均毛重每头约 50 公斤，市场均价 10 元 / 公斤。非农经营以承包旅游车、开出租车、开农家客栈、发展现代农业观光旅游等为主，目前新店台村拥有约 50 辆旅游车和出租车。

2016 年，新店台村共有耕地 4067 亩，其中农户对外流转耕地约 2000 亩，土地流转的平均租金约 400 元／亩。此外，由于耕地禀赋差、农业效率低等，耕地存在闲置抛荒现象，2016 年全村闲置抛荒耕地约 100 亩。

第三节　社会发展

2016 年，新店台村共 503 户，总人口 1780 人，全村共有劳动力 1181 人，这些劳动力多数在本村务农，外出务工人员较少。外出务工人员以在敦煌市打零工为主，主要从事住宿餐饮业、建筑业。由于敦煌市是一个季节分明的旅游城市，每年的 6~10 月是旅游旺季，此时市域内的宾馆、酒店、饭店、客栈、农家乐等急需聘用临时工，这给新店台村劳动力提供了可选择的务工机会。此外，敦煌是丝绸之路（敦煌）国际文化博览会（简称"文博会"）的永久会址。文博会的举办促进了场馆、酒店等基础设施建设，基础设施建设急需一大批建筑工人，这给新店台村劳动力提供了就业机会。

但是有一个现象值得关注，新店台村的外出务工人员很少到县外务工，去外省务工的劳动力更是寥寥无几，绝大多数在本市的住宿餐饮业、建筑业等打零工，忙时务工，闲时务农，村民被牢牢地拴在自家一亩三分地上，这是新店台村务工人员的一大特点。新店台村务工人员不

图1-3　首届丝绸之路（敦煌）国际文化博览会在敦煌开幕

（图片来源于敦煌市政府网站，2017年3月）

图1-4　文博会场馆建设带动建筑工人需求

（图片来源于敦煌市政府网站，2017年3月）

愿"走出去"可能与以下因素有关：一是区位偏远，新店台村所在的敦煌市虽交通便利，航空、铁路、公路一应俱全，但仍处于西北边陲，距离最近的地级市（如甘肃酒泉市、新疆哈密市）也得四五百公里；二是信息闭塞，由于长期以来本村"走出去"的人员很少，在外省市没有熟人介绍，很难在短时间内找到一份合适的工作；三是动力不足，敦煌是一个闻名遐迩的旅游城市，是一个人口净流入城市，本市能够提供满足居民基本生活保障的就业机会，且村民自家均有一亩三分地的保障，这导致村民"走出去"的动力不足。

从道路交通情况来看，全村通村道路以柏油硬化路为主，总长约10.8公里，路宽约4米，未硬化路段约3.3公里；村内通组柏油硬化道路约3.6公里，未硬化路段约0.8公里；全村村内没有可用路灯。

图1-5　新店台村正在铺设中的乡村柏油路

（课题负责人朱承亮拍摄，2017年1月）

从电视通信情况来看，全村实现了有线广播、卫星电视和移动互联网的全覆盖，约有55户有联网电脑，使用智能手机人数607人，手机信号也实现了全覆盖。

从生活设施情况来看，全村通水通电，通过"人饮工程"全村村民喝上了自来水，水价1元/吨，电价0.38元/度，全村生活垃圾基本上实现了集中运转掩埋，垃圾池6个，垃圾箱128个。

从居民住房情况来看，全村居民具有安全的住房保障，房屋以土坯房为主，仅 15% 的砖瓦房和钢筋水泥房，户均宅基地面积 400 平方米，由于新店台村属于远郊村，村民房屋不存在出租现象。

从社会保障情况来看，全村实现了新型合作医疗和社会养老保险的全覆盖。

图1-6　新店台村村民喝上了自来水
（课题负责人朱承亮拍摄，2017 年 3 月）

其中，参加新型合作医疗 1697 人，人均缴费 150 元 / 年；参加社会养老保险 1186 人。此外，全村低保 153 人，"五保"供养 11 人。

图1-7　新店台村生活垃圾的集中处理
（课题负责人朱承亮拍摄，2017 年 3 月）

图1-8 新店台村以土坯房为主的农户住房

（课题负责人朱承亮拍摄，2017年3月）

从村庄治理情况来看，全村共有党员120人，但党员呈现年岁高、文化低的特征。其中，50岁以上党员81人，约占全村党员人数的67.5%；高中及以上文化程度的党员25人，约占全村党员人数的20.8%。全村有党员代表大会制度，有党员代表11人，党员代表均属于村"两委"人员。该村成立了村务监督委员会和民主理财小组，其中，监督委员会由3人组成，2人属于村民代表，1人属于村"两委"人员；民主理财小组也是由3人组成，2人属于村"两委"人员，1人属于村民代表。全村有9个党小组，村支部支委会由9人构成，村民委员会由7人构成，有村民代表33人，其中属于村"两委"11人。

从科教文卫情况来看，2016年，全村有43名3~5周岁儿童，其中12名儿童正在接受学前教育；全村有82名小学阶段适龄儿童，均在接受小学阶段教育；有42名学生正在本乡镇五墩中学接受初中阶段教育，五墩中学距离本村约5公里，学校无学生食堂不提供午餐，上学下课

图1-9　新店台村党员开展党的群众路线教育实践活动

（莫高镇办公室工作人员张润拍摄，2015年6月）

均有校车接送。全村九年义务教育阶段没有贫困等原因导致的辍学现象。受益于科技下乡政策，村民能够获得听取农业技术讲座的机会，还能够获得接受农业技术培训的机会，2016年全村共举办农业技术讲座10次，约300人次参加了农业技术培训。全村村民文化活动较为丰富，全村拥有图书室1个、体育健身场所2个、棋牌活动场所1个、文化社团1个，且每年冬季全市还会组织冬季集中教育活动，向村民宣讲国家和本市的相关农业政策和农产品信息。村委会还会组织趣味运动会等活动，以丰富冬季农闲生活。全村有卫生室1个，具有行医资格的医生1人，能够满足村民最基本的医疗保健需求。

图 1-10　新店台村深入开展冬季集中教育活动

（莫高镇办公室工作人员张润拍摄，2015 年 3 月）

第二章

新店台村扶贫脱贫调查分析：
贫困户与非贫困户的比较

2017年3月课题组基于"精准扶贫精准脱贫百村调研住户调查问卷"在新店台村展开了第二轮问卷调查。本章根据该问卷调查的结果展开分析，旨在通过贫困户（29户）与非贫困户（32户）相关特征的对比，勾勒出新店台村贫困现状、特征及主要原因。主要内容包括贫困户与非贫困户在劳动就业、生活状况、教育医疗、政治社会关系等方面的差异，以及贫困户与非贫困户对扶贫措施及效果的评价等。

第一节　劳动就业

　　本节从家庭成员个数、文化程度、健康状况、劳动能力和务工状况五个方面，反映贫困户和非贫困户在劳动就业方面的差异。

一 成员个数

从调查样本的家庭成员个数来看，贫困户家庭成员个数在3人以上的要多于非贫困户。贫困户家庭中，成员个数为1人的占比为3.45%，成员个数为2人的占比为13.79%，成员个数为3人的占比为31.03%，成员个数为4人及以上的占比高达51.72%；非贫困户家庭中，成员个数为2人的占比为25.00%，成员个数为3人的占比为28.13%，成员个数为4人及以上的占比高达46.88%。可见，贫困户家庭中存在独居老人现象，家庭成员个数仅为1人的占比仍为3.45%，但是贫困户家庭中成员个数为3人或4人及以上的占比要显著高于非贫困户3~5个百分点。

可见，贫困户与非贫困户相比更具人力资源优势，在同等条件下该类家庭应该更具优势摆脱贫困奔向小康，为何反会成为贫困家庭呢？这类家庭的致贫原因是什么？这可能与家庭成员结构、教育程度、健康状况、生产条件、务工状况等客观因素有关，也与自身发展动力不足等主观因素有关。

二 文化程度

从调查样本的家庭成员文化程度来看，贫困户家庭成员的文化程度要低于非贫困户。从具体的文化程度来看，

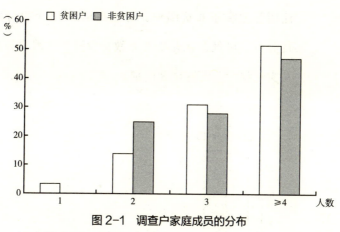

图 2-1　调查户家庭成员的分布

注：本书统计图表，除特殊标注，均来自新店台村调研。

贫困户家庭中有 3 个成员为文盲的比例占到了 3.45%，而
非贫困户在此阶段成员分布上占比为零；在小学文化程度
方面，贫困户和非贫困户大体相当，家庭成员中有 1 人为
小学文化程度的占比都在 28% 左右，家庭成员中有 2 人为
小学文化程度的占比都在 13% 左右；在初中文化程度方
面，与非贫困户相比，贫困户也没有显示出明显的劣势，
贫困户家庭成员中有 2 人和 3 人为初中文化程度的占比反

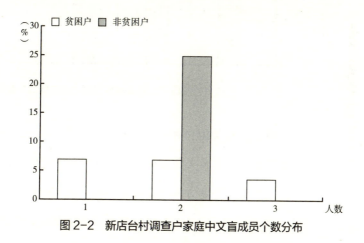

图 2-2　新店台村调查户家庭中文盲成员个数分布

而明显要高于非贫困户，分别高出约 13 个百分点和 6 个百分点。可见，在九年义务教育阶段，贫困户和非贫困户在文化程度上没有显著区别。

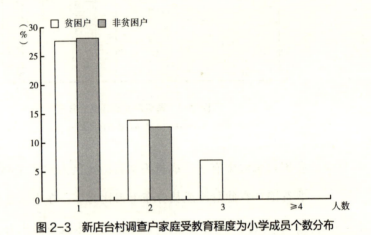

图 2-3　新店台村调查户家庭受教育程度为小学成员个数分布

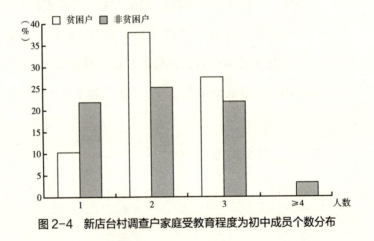

图 2-4　新店台村调查户家庭受教育程度为初中成员个数分布

新店台村贫困户和非贫困户的整体受教育水平都较低，受高中及以上教育人数较少，但贫困户和非贫困户之间在高中及以上文化程度方面存在显著差异。从调查样本来看，新店台村家庭成员中 3 人及以上接受了高中及以上教育的占比为零。贫困户家庭成员接受中专教育的占比明显低于非贫困户。贫困户家庭中有 2 人同时都接受过高中及以上教育的占比为零，而非贫困户家庭中有 2 人同时接受过高中、中专、大专及以上教育的占比分别为 3.13%、6.25%、6.25%。

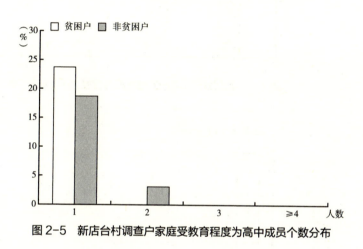

图 2-5　新店台村调查户家庭受教育程度为高中成员个数分布

此外，需要说明的是，贫困户家庭中有 1 人接受高中、大专及以上教育的占比要明显高于非贫困户，这是因为贫困户家庭中有子女正在接受高中、大专及以上教育，而调查统计时，将此部分正在接受教育的在读学生纳入了考察范围。子女接受高中、大专及以上教育需要支付学杂费、生活费等，分析表明因学致贫是新店台村致贫的重要原因之一。

三　健康状况

从调查样本的家庭成员健康状况来看，贫困户家庭成员患有长期慢性病和大病的比例要明显高于非贫困家庭，

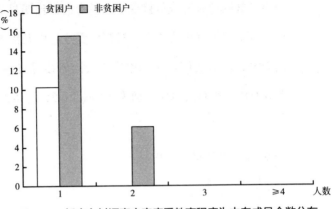

图2-6 新店台村调查户家庭受教育程度为中专成员个数分布

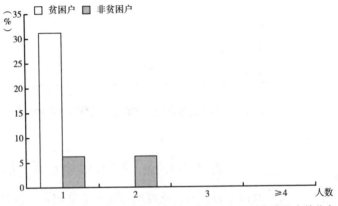

图2-7 新店台村调查户家庭受教育程度为大专及以上成员个数分布

因病致贫是新店台村致贫的重要原因之一。调查显示，贫困户家庭中有1人患有长期慢性病的比例高达34.48%，有2人患有长期慢性病的比例为10.34%，高出非贫困户约7个百分点，有4人患有长期慢性病的比例为3.45%。另外，贫困户家庭中有1人患有大病的比例高达24.14%，是非贫困户的近8倍，有2人患有大病的比例为3.45%。患有长期慢性病和大病是拖累农户奔向小康的最大障碍，也是导致非贫困户返贫的重要因素。

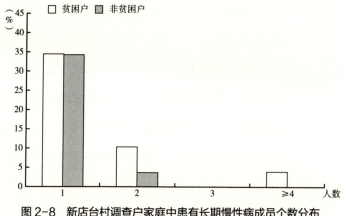

图2-8 新店台村调查户家庭中患有长期慢性病成员个数分布

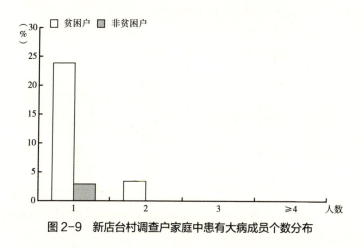

图2-9 新店台村调查户家庭中患有大病成员个数分布

四 劳动能力

　　劳动力缺乏尤其是技能劳动力缺乏，加之因病或残疾导致的部分劳动力丧失或无劳动力的家庭成员占比较大是新店台村贫困户致贫的重要原因。调查显示，贫困户家庭中有1个和2个普通劳动力的占比分别为34.48%和44.83%，这一比例与非贫困户家庭情况相当甚至还要高于非贫困户家庭，但是从家庭中有 3 个及以上普通劳动力占比来看，贫困户要明显低于非贫困户，贫困户家庭中有 3 个普通劳动力的占比仅为 6.9%，要低于非贫困户约 21 个百分点，而非贫困户家庭中有 4 个及以上普通劳动力的占比为 6.25%，而贫困户家庭的这一比例为零。从技能劳动力来看，贫困户家庭拥有技能劳动力的人数更是匮乏。非贫困户家庭中有 2 人和 3 人为技能劳动力的比例均为 3.13%，而贫困户家庭为零。

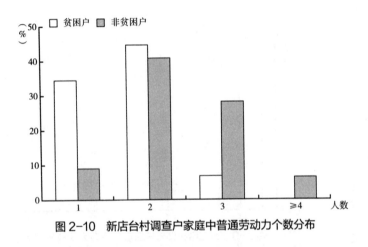

图 2-10　新店台村调查户家庭中普通劳动力个数分布

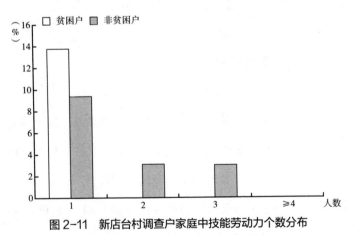

图 2-11　新店台村调查户家庭中技能劳动力个数分布

此外，贫困户家庭成员中丧失部分劳动力和无劳动能力但有自理能力人数的占比要明显高于非贫困户家庭。调查显示，贫困户家庭有 1 人和 2 人丧失部分劳动力的占比分别为 37.93% 和 6.90%，比非贫困户家庭分别高出约 22 个百分点和 4 个百分点，而贫困户家庭有 4 人及以上丧失部分劳动力的占比有 3.45%。贫困户家庭有 1 人和 2 人无劳动能力但有自理能力的占比分别为 20.69% 和 10.34%，比非贫困户家庭分别高出约 5 个百分点和 7 个百分点。

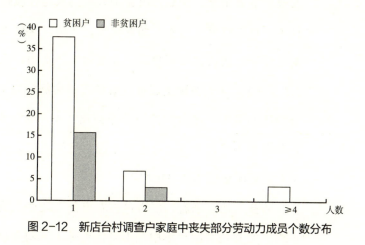

图 2-12　新店台村调查户家庭中丧失部分劳动力成员个数分布

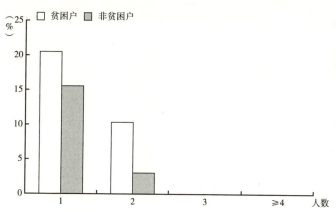

图 2-13　新店台村调查户家庭中无劳动能力但有自理能力成员个数分布

五 务工状况

务工带来的工资性收入是广大农村农民家庭主要的收入来源，也正因为如此，进行劳务输转，使每个贫困户家庭至少有效输转一个普通劳动力，是地方政府解决贫困户摆脱贫困奔向小康的主要举措。

从务工情况的调查结果来看，新店台村农户外出务工的较少，大多守在自家的一亩三分地上，劳动力尚没有从农业中解放出来，少数外出务工人员也只是在敦煌市域内打工，且以打零工为主。调查显示，贫困户家庭中没有务工成员个数的占比要明显高于非贫困户，贫困户家庭中有1人、3人、4人及以上成员没有务工的比例均为10.34%，分别比非贫困户家庭同阶段分布高出约4个百分点、7个百分点和4个百分点。这也就是说，贫困户家庭中务工成员个数要明显低于非贫困户。

从务工地点来看，新店台村农户务工地点主要集中在市内，尤其是贫困户集中在本乡镇内务工。调查显示，贫

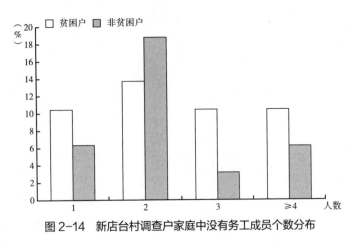

图2-14 新店台村调查户家庭中没有务工成员个数分布

困户在乡镇内务工的占比为34.48%，在乡镇外县内务工的占比为31.03%，在县外省内务工的占比为10.34%，在省外务工的占比为3.45%，可见，贫困户在敦煌市内务工的占比为65.51%，在甘肃省内务工的占比为75.85%；而非贫困户在乡镇内务工的占比为25.00%，在乡镇外县内务工的占比为40.63%，在县外省内务工的占比为12.50%，在省外务工的占比为6.25%，可见，非贫困户在敦煌市内务工的占比为65.63%，在甘肃省内务工的占比为78.13%。

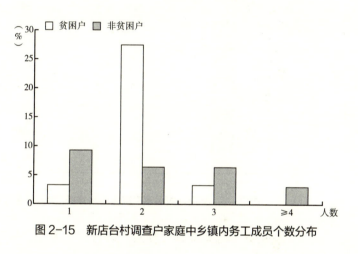

图2-15　新店台村调查户家庭中乡镇内务工成员个数分布

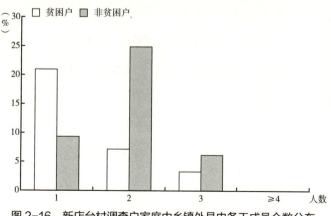

图2-16　新店台村调查户家庭中乡镇外县内务工成员个数分布

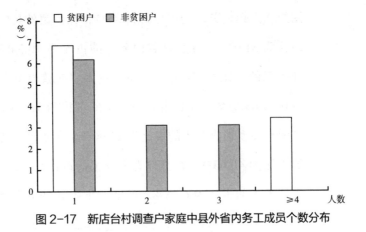

图 2-17 新店台村调查户家庭中县外省内务工成员个数分布

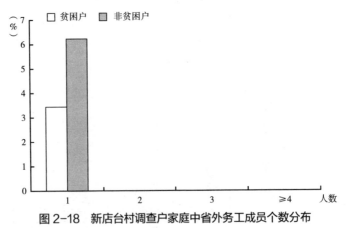

图 2-18 新店台村调查户家庭中省外务工成员个数分布

从务工时间来看，贫困户以打零工为主，每年务工时间主要在半年以内。调查显示，贫困户每年务工时间在3个月以下的占比为13.79%，每年务工时间在3~6个月的占比为31.03%，6~12个月的占比为25.66%，可见，贫困户每年务工时间在6个月以内的占比为44.82%；而非贫困户每年务工时间在3个月以下的占比为9.38%，每年务工时间在3~6个月的占比为40.63%，6~12个月的占比为40.63%，可见，非贫困户每年务工时间在6个月以内的占比为50.01%。

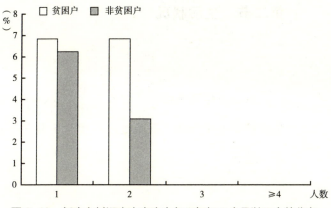

图 2-19　新店台村调查户家庭中务工每年 3 个月以下个数分布

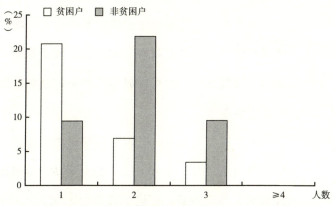

图 2-20　新店台村调查户家庭中务工每年 3~6 个月个数分布

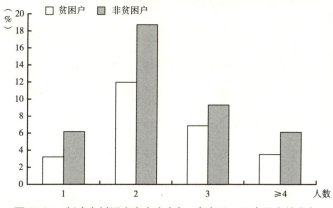

图 2-21　新店台村调查户家庭中务工每年 6~12 个月个数分布

第二节 生活状况

本节从住房条件、家庭收支、家庭财产、生活环境和生活评价五个方面，反映贫困户和非贫困户在生活状况方面的差异。

一 住房条件

总体而言，贫困户住房条件要差于非贫困户，这主要体现在住房类型和互联网等家庭生活设施配置方面，而在供水、垃圾处理、污水排放等公共基础设施配置方面并不存在明显差异。

从住房类型来看，贫困户以平房为主，而非贫困户也以平房为主，占比为90.63%，但是有少数非贫困户住房条件得到了显著改善，住进了楼房，占比为9.38%。从平房的建筑材料来看，以草木坯为主，其次为砖混材料。

需要指出的是，调研发现，少数非贫困户所住的楼房并不是盖在自家宅基地上的自建房，而是在敦煌市内买的商品房，买房的首要目的是子女结婚或上学，其次是为了改善生活品质，农忙时在村里平房住，农闲时尤其是冬季就去城里住了。

从家庭生活设施配置来看，贫困户与非贫困户在部分生活设施配置方面存在明显差异。贫困户和非贫困户取暖主要依靠的都是炕和炉子；绝大多数家庭没有沐浴

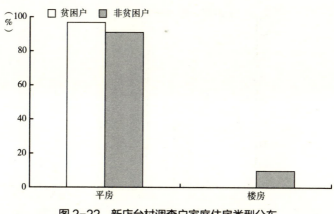

图2-22 新店台村调查户家庭住房类型分布

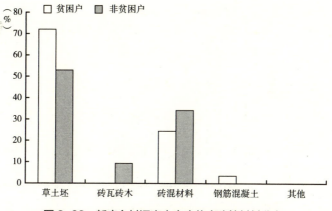

图2-23 新店台村调查户家庭住房建筑材料分布

设施,仅少数家庭安装了太阳能和燃气;互联网普及率较低,且贫困户安装互联网宽带家庭数明显少于非贫困户,其中有10.34%的贫困户安装了互联网宽带,有21.88%的非贫困户安装了互联网宽带;厕所均以传统旱厕为主。

从公共基础设施配置来看,贫困户与非贫困户不存在明显差异。农户饮用水源以经过净化处理的自来水与受保护的井水和泉水为主,且供水方式以管道直接入户为主,

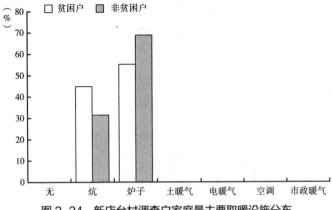

图 2-24　新店台村调查户家庭最主要取暖设施分布

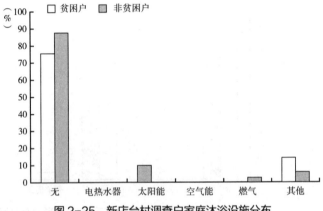

图 2-25　新店台村调查户家庭沐浴设施分布

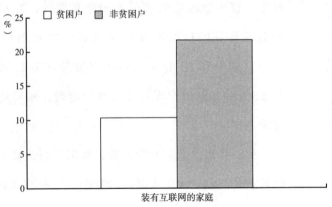

图 2-26　新店台村调查户家庭互联网设施分布

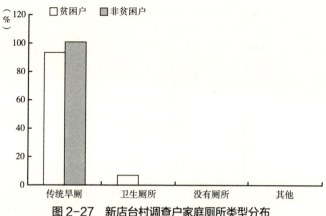

图 2-27　新店台村调查户家庭厕所类型分布

　　贫困户和非贫困户均不存在饮水困难。生活垃圾基本上实现了集中处置，以送到垃圾池或定点堆放为主，但少数贫困户家庭也存在生活垃圾的随意丢弃现象。生活污水排放以向院外沟渠排放为主，很少一部分排到了家里渗井。入户路类型以水泥或柏油路为主，但也存在泥土路和砂石路的情况。

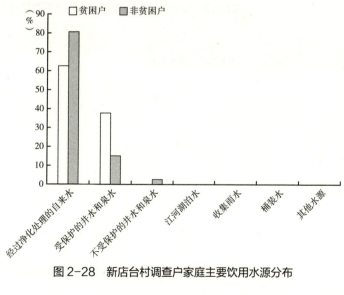

　　图 2-28　新店台村调查户家庭主要饮用水源分布

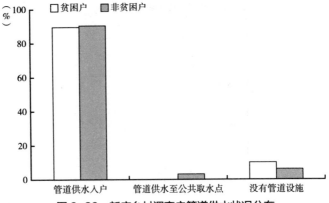

图2-29　新店台村调查户管道供水状况分布

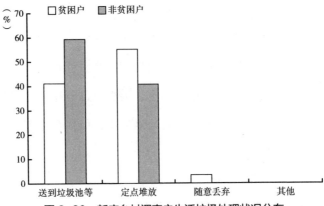

图2-30　新店台村调查户生活垃圾处理状况分布

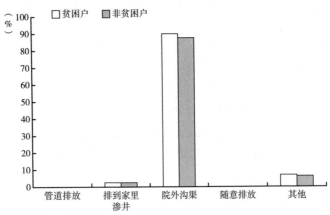

图2-31　新店台村调查户生活污水排放状况分布

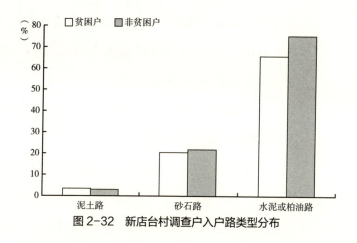

图 2-32　新店台村调查户入户路类型分布

　　总体来看，非贫困户对家庭住房情况较为满意，而贫困户对家庭住房情况不是很满意。调查显示，非贫困户对家庭住房达到满意的比例高达 90.63%，而贫困户对家庭住房不是很满意的比例仍有 20.69%。

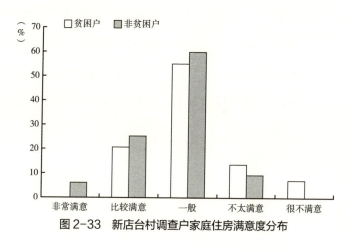

图 2-33　新店台村调查户家庭住房满意度分布

二　家庭收支

　　贫困户家庭人均纯收入主要集中在 1000 元以下，非贫困户家庭人均纯收入主要集中在 3000 元以上。调查显示，贫困户家庭人均纯收入低于 1000 元的占比高达 41.38%，处于 1000~1500 元区间的占比为 6.90%，处于 1500~2000 元区间的占比为 13.79%，处于 2500~3000 元区间的占比为 3.45%，此外还有 34.48% 的贫困户实现了脱贫，其家庭人均纯收入超过了 3000 元。

2011 年中央决定将农民人均纯收入 2300 元（2010 年不变价）作为新的国家扶贫标准。扶贫标准并不是一成不变的，国家每年都会根据物价指数等因素进行相应调整。2016 年甘肃省扶贫标准为家庭人均纯收入 3000 元，因而非贫困户家庭人均收入至少不应该低于此标准。但是，从调查结果来看，仅 56.25% 的非贫困户家庭人均纯收入超过了 3000 元，有近一半的非贫困户家庭人均纯收入低于 3000 元，甚至有高达 34.38% 的非贫困户家庭人均纯收入低于 1000 元，出现了非贫困户家庭人均纯收入低于扶贫标准的状况。这与以下两个因素有关：一是非贫困户或因病等出现了返贫现象；二是被调查的非贫困户隐瞒了真实的收入状况。

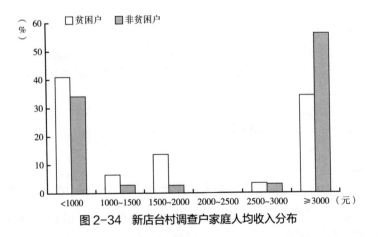

图 2-34 新店台村调查户家庭人均收入分布

从家庭主要收入来源来看，工资性收入和农业经营收入是农户家庭的主要收入来源。从新店台村的调研分析可知，外出务工是家庭收入的主要来源，此外种植玉米、棉花、葡萄等经济作物也是重要的收入来源。也由此形成了新店台村农忙时在家务农、农闲时进城务工的"双栖"模式。由于敦煌市是一个著名的旅游城市，旺季时游客众多，现代观光农业旅游和开农家客栈等也构成了非贫困户家庭的重要收入来源，因此，非农业经营收入成为非贫困户家庭的重要收入来源之一。

　　调查显示，贫困户家庭收入中，44.83%来自务工的工资性收入，31.03%来自种植玉米、棉花、葡萄等经济作物的农业经营收入，3.45%来自开小卖部和农家乐等的非农业经营收入，13.79%来自子女提供的赡养性收入，低保金收入和养老金、离退休金收入的占比均为3.45%；而非贫困户家庭收入中，40.63%来自务工的工资性收入，

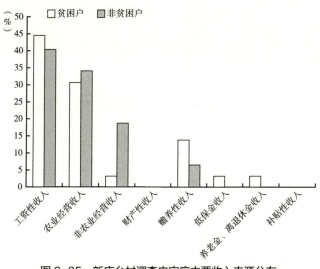

图 2-35　新店台村调查户家庭主要收入来源分布

34.38%来自种植玉米、棉花、葡萄等经济作物的农业经营收入，18.75%来自开小卖部和农家乐等的非农业经营收入，6.25%来自子女提供的赡养性收入。

从家庭主要支出来看，食品、医疗和教育是农户家庭的三大支出项目。食品依然是农户家庭的第一大支出项目，值得关注的是，医疗支出是贫困户家庭的第二大支出项目，因病致贫是导致贫困的重要原因。调查显示，贫困户家庭支出中，48.28%为食品支出，31.03%为报销后医疗总支出，17.24%为教育支出，此外还有3.45%为礼金支出；而非贫困户家庭支出中，65.63%为食品支出，15.63%为报销后医疗总支出，18.75%为教育支出。

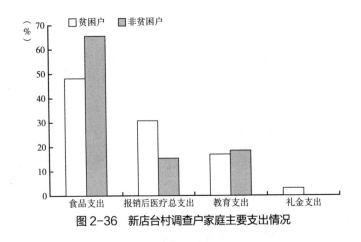

图2-36 新店台村调查户家庭主要支出情况

三 家庭财产

从家庭拥有财产分布情况来看，贫困户和非贫困户之间在彩色电视机、洗衣机、电冰箱、固定电话、手机等日常家庭生活用品方面差异不大，而在联网的智能手机、摩托车等改善型家庭生活用品方面存在较大差距。调查显示，存在贫困户家庭的部分财产要多于非贫困户的现象，比如有 3.45% 的贫困户家庭拥有空调，而非贫困户家庭空调拥有量为零；贫困户家庭拥有洗衣机、电脑、轿车/面包车的比重要明显高于非贫困户。出现这种与常理相悖现象的可能原因有两个：一是非贫困户故意隐瞒了家庭真实财产状况；二是非贫困户没有将在敦煌市内所购买的家庭财产包括在内。

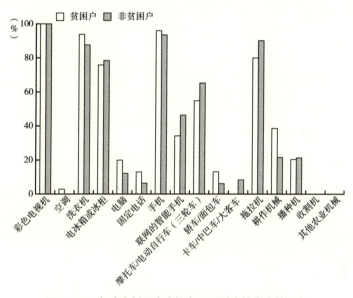

图 2-37　新店台村调查户拥有不同财产的家庭数分布

　　从家庭贷款情况来看，约 80% 的农户家庭均有贷款，贫困户和非贫困户在贷款来源方面没有显著差异，信用社贷款是主要来源。但是，在贷款用途方面，贫困户和非贫困户之间存在显著差异。非贫困户的贷款主要用于发展生产，而贫困户的贷款用途较为分散，除用于发展生产之外，还用于助病助残、助学等方面。调查显示，贫困户中有 79.31% 的家庭有贷款，贷款中有 62.07% 来自信用社，另外还有 10.34% 来自私人借贷。贷款中有 20.69% 用于发展生产，3.45% 用于易地搬迁，10.34% 用于助学，20.69% 用于助病助残，3.45% 用于婚丧嫁娶，6.90% 用于生活开支；而非贫困户中有 78.13% 的家庭有贷款，贷款中有 75.00% 来自信用社，另外还有 3.13% 来自私人借贷，

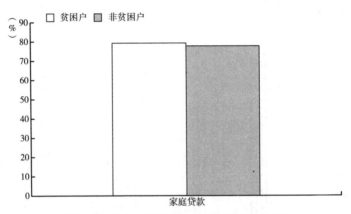

图 2-38　新店台村调查户有贷款的家庭数分布

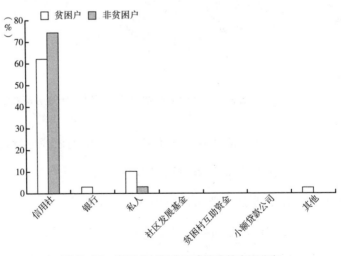

图 2-39　新店台村调查户家庭贷款来源分布

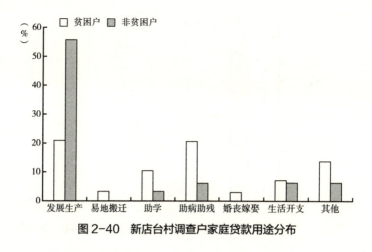

图 2-40 新店台村调查户家庭贷款用途分布

贷款中有 56.25% 用于发展生产，3.13% 用于助学，6.25% 用于助病助残，6.25% 用于生活开支。

四 生活环境

调查显示，接近 90% 的家庭在家庭安全方面没有采取任何措施，仅 12%~14% 的农户安装了防盗门，安装防盗门的主要原因在于，这些农户离 314 省道和柳格高速较近，主要目的是防止过路车辆司机盗窃。此外，还有部分农户有养狗的习惯。新店台村在安全方面体现了民风淳朴、路不拾遗的社会主义新农村风范。总体来讲，农户对家庭周围居住环境状况是比较满意的，且贫困户的满意程度明显高于非贫困户。调查结果显示，接近九成的贫困户对家庭周围居住环境状况是满意的，仅 10% 的贫困户持不太满意态度，而有接近 35% 的非贫困户对家庭周围居住环境状况是不满意的，甚至有 3.13% 的非贫困户为很不满意。

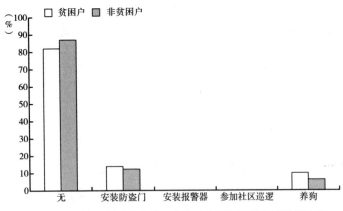

图 2-41 新店台村调查户家庭在安全方面采取的防护措施分布

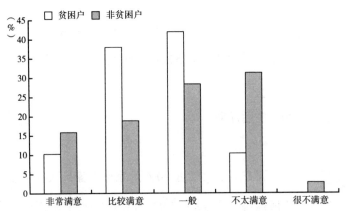

图 2-42 新店台村调查户家庭对家庭周围居住环境状况满意程度分布

五 生活评价

调查显示，51.72%的贫困户和62.51%的非贫困户对当前生活状况不满意，有追求更美好生活的迫切需求，值得指出的是，有接近一半的贫困户对当前生活状况是满意的，甚至有10.34%的贫困户认为比较满意，6.90%的贫困户认为非常满意。此外，从与多数亲朋好友和本村多数人的生活状况比较来看，有高达 58.62% 的贫困户认为与多数亲朋好友当前生活状况差不多，有高达 44.83% 的贫困户认为与本村多数人当前生活状况差不多，甚至还有 13.79% 的贫困户认为，要比本村多数人当前生活状况好一些。可见，从家庭横向比较来看，这充分暴露了贫困户安于现状、自身发展动力不足的问题。

此外，多数农户认为现在的生活状况要比 5 年前好，且不少农户相信 5 年后生活状况会变得更好。但是，也有

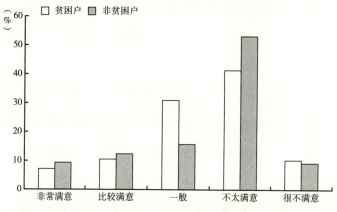

图 2-43　新店台村调查户家庭对当前生活状况满意程度分布

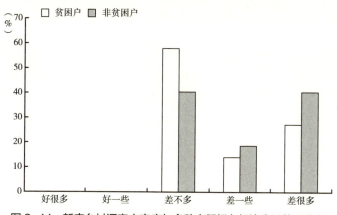

　图 2-44　新店台村调查户家庭与多数亲朋好友相比生活状况分布

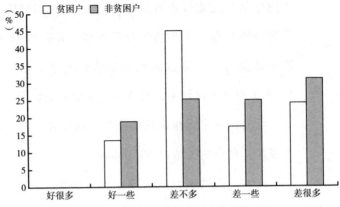

图 2-45 新店台村调查户家庭与本村多数人相比生活状况分布

部分农户认为现在的生活状况要比 5 年前差，主要原因是随着子女接受更高层次的教育，教育开支不断加大，且不少家庭遭到了疾病的困扰，导致当前的生活质量与 5 年前相比有明显下降，而这些家庭对未来 5 年的生活状况保持谨慎态度，并不是很乐观，有 34.48% 的贫困户和 28.13% 的非贫困户认为 5 年后的生活状况不好说。可见，从历史纵向比较来看，一方面反映了我国经济社会发展给农民带来的获得感增强，另一方面也反映了农民对未来家庭发展

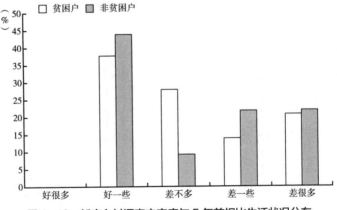

图 2-46 新店台村调查户家庭与 5 年前相比生活状况分布

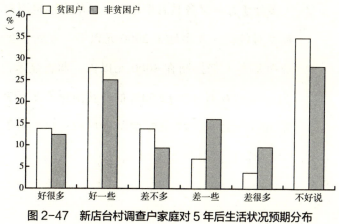

图 2-47　新店台村调查户家庭对 5 年后生活状况预期分布

的信心和担忧并存的焦虑心情，同时揭示了疾病和子女上学等问题对家庭脱贫和追求美好生活品质的影响。

第三节　教育医疗

本节从子女教育和健康医疗两个方面反映贫困户和非贫困户在教育医疗方面的差异。

一　子女教育

就 2017 年上半年子女就学状态而言，贫困户和非贫困户家庭中子女大多在上中小学，占比分别为 24.14% 和 15.63%。从 2016 年全年的上学费用来看，由于农户子女大多处于九年义务教育阶段，上学的直接费用和间接费用都相对较低，大多处于2000元以下，家庭子女全年上学费用基本上都控制在4000元以内。调查显示，2016年，20.69%的贫困户和12.50%的非贫困户子女上学直接费用在2000元以内，27.58%的贫困户和9.38%的非贫困户子女上学间接费用在2000元以内。

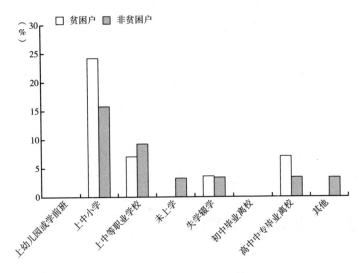

图2-48　新店台村调查户家庭2017年上半年就学状态分布

需要指出的是，在2017年上半年子女就学状态中，有6.90%的贫困户和6.26%的非贫困户子女处于高中中专毕业离校、进入大学继续深造状态，大学学费以及生活开支显著增加了农户家庭子女上学费用。调查显示，2016年，3.45%的贫困户和3.13%的非贫困户子女上学直接费用在10000~20000元区间，3.45%的贫困户和6.25%的非贫困户子女上学间接费用超过了5000元。对于该类有子女继续深造的农户家庭而言，年均 15000~25000 元的上学费用是家庭的一项巨额开支，这会加剧贫困户家庭的暂时性贫困，也会使非贫困户家庭出现返贫现象。

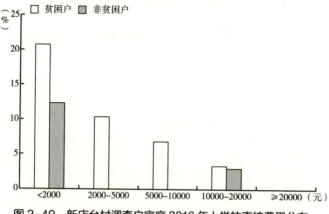

图 2-49　新店台村调查户家庭 2016 年上学的直接费用分布

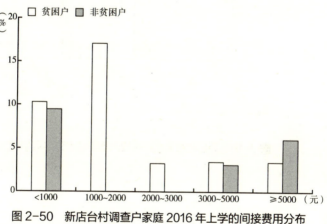

图 2-50　新店台村调查户家庭 2016 年上学的间接费用分布

　　此外，需要关注的是，在 2017 年上半年子女就学状态中，有 3.45% 的贫困户和 3.13% 的非贫困户子女处于失学辍学状态。究其原因，主要在于孩子不想再继续深造。调查发现，调查户家庭子女在完成九年义务教育或高中教育之后，大多处于失学辍学状态，表面原因是子女不想继续上学，挖掘背后的深层次原因有以下几点：一是子女成绩差，没有考上高中或大学（大专）；二是家庭条件不足以支撑子女继续上大学或大专的费用；三是近年来随着大学毕业生就业问题日益严峻，社会上充斥着"读书无用"的舆论，导致子女不想继续深造，而是选择务工或自主创业，帮父母减轻家庭负担。

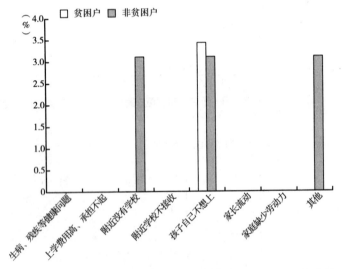

图 2-51　新店台村调查户家庭未上学或者失学辍学的主要原因分布

二　健康医疗

　　贫困户和非贫困户在参加新农合和城镇居民医保方面没有差异，但在参加商业保险方面存在显著差异。调查显示，所有的贫困户均参加了新农合，10.34% 的贫困户和 9.38% 的非贫困户参加了城镇居民医保，但是在参加商业保险方面，

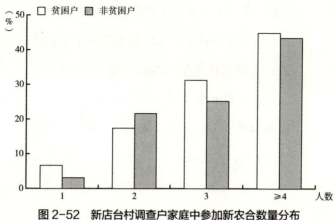

图 2-52　新店台村调查户家庭中参加新农合数量分布

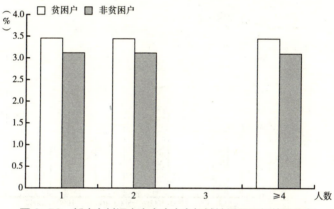

图 2-53　新店台村调查户家庭中参加城镇居民医保数量分布

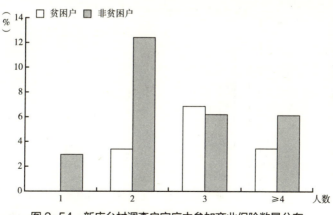

图 2-54　新店台村调查户家庭中参加商业保险数量分布

贫困户的商业保险参保率要明显低于非贫困户，13.79%的贫困户参加了商业保险，而28.13%的非贫困户参加了商业保险，参保率比贫困户高出了近14个百分点。

贫困户和非贫困户在20000元以下的治疗总费用方面没有显著差别，但是有高达20.69%的贫困户家庭的治疗总费用超过20000元。这说明，因病致贫是新店台村重要的致贫原因。面对高昂的治疗费用，不少患病家庭，尤其是那种患有长期慢性病的家庭往往选择不治疗，由于经

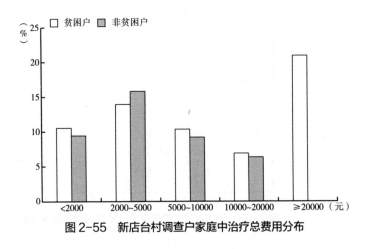

图2-55　新店台村调查户家庭中治疗总费用分布

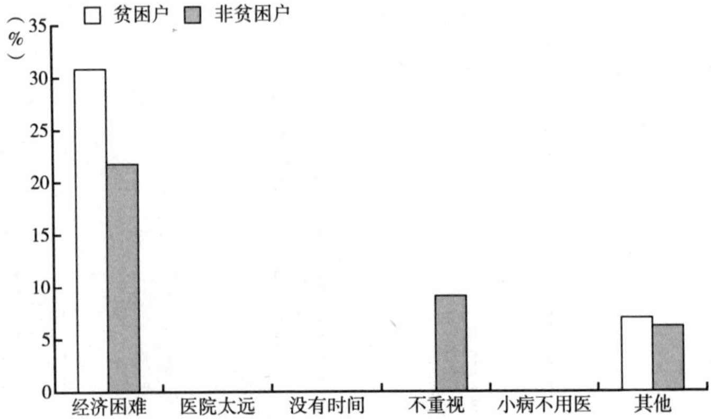

图2-56　新店台村调查户家庭中没有及时治疗的主要原因分布

济困难，家庭收入无力支撑高昂的治疗费用。调查显示，31.03% 的贫困户和 21.88% 的非贫困户患病没有及时接受治疗的主要原因都是因为经济困难。

第四节　政治社会关系

本节从党员身份、参会投票、社会组织和亲戚干部四个方面，反映贫困户和非贫困户在政治社会关系方面的差异。

一　党员身份

贫困户户主是党员身份和家中党员数量的占比均要明显低于非贫困户。调查显示，仅 13.79% 的贫困户户主为党员身

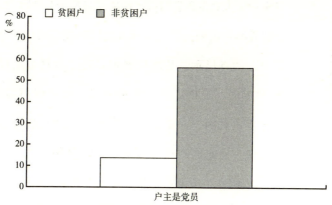

图 2-57　新店台村调查户家庭户主是否为党员分布

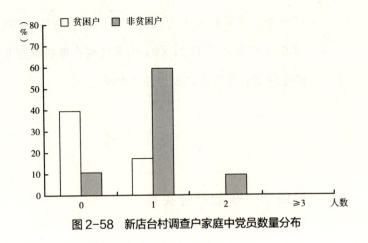

图 2-58　新店台村调查户家庭中党员数量分布

份，贫困户中有 1 位党员的占比为 17.24%，而 56.25% 的非贫困户户主拥有党员身份，非贫困户中有 1 位党员的占比高达59.38%，有 2 位党员的占比为 9.38%。

二　参会投票

一般而言，农民是否具备党员身份是参加村委会会议和乡镇会议并享有投票权利的基本要求。由于贫困户户主是党员身份和家中党员数量的占比均要明显低于非贫困户，贫困户参加村委会会议和投票、乡镇人大代表投票的比例也低于非贫困户。调查显示，贫困户参加最近一次村委会投票的比例为 79.31%，而非贫困户为 90.63%，比贫困户高出 11.32 个百分点；贫困户参加最近一次乡镇人大代表投票的比例为58.62%，而非贫困户为 65.63%，比贫困户高出 7.01 个百分点；贫困户 2016 年参加村委会召开的会议的比例为 68.97%，而非贫困户为 87.51%，比贫困户高出 18.54 个百分点。

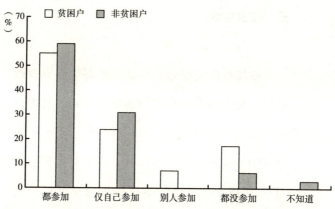

图 2-59　新店台村调查户家庭最近一次参加村委会投票情况分布

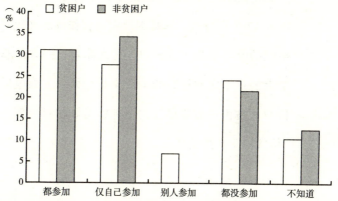

图 2-60　新店台村调查户家庭最近一次参加乡镇人大代表投票情况分

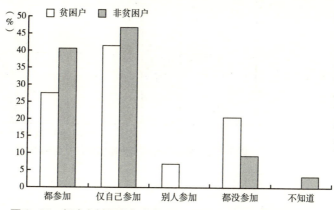

图 2-61　新店台村调查户家庭 2016 年参加村委会会议情况分布

三 社会组织

参加社会组织是农户获取外部信息资源改善家庭经济条件、提升自身综合素质的重要渠道。贫困户参加社会组织的参与率要明显低于非贫困户。调查显示，有10.34%的贫困户参加了农民合作社，而非贫困户农民合作社的参与率为18.75%，比贫困户高出近9个百分点。此外，有10.34%的贫困户参加了文化娱乐或者兴趣组织，而非贫困户文化娱乐或者兴趣组织的参与率为21.88%，比贫困户高出近12个百分点。非贫困户农民合作社、文化娱乐或兴趣组织的参与率高于贫困户，这意味着，一方面非贫困户有更大的概率实现更高的生活质量，另一方面也反映了非贫困户比贫困户有着更佳的精神状态和精神风貌，贫困户的"精气神"有待提高。

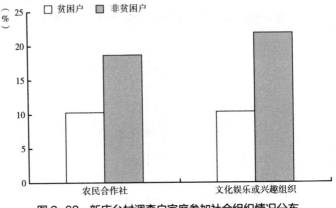

图2-62 新店台村调查户家庭参加社会组织情况分布

四 亲戚干部

　　亲戚的干部身份对农户具有显著的外溢效应，亲戚的干部身份所具备的政治经济资源，能够给农户带来不少致富信息，是农户家庭获取外部信息资源的重要渠道，对农户脱贫致富具有较大帮助作用。贫困户亲戚是干部身份的比例要明显低于非贫困户。调查显示，55.17%的贫困户和50.00%的非贫困户亲戚不具备干部身份，31.03%的贫困户和43.75%的非贫困户亲戚是村干部。可见，非贫困户亲戚是村干部身份的占比要比贫困户高出约13个百分点。此外，还有3.13%的非贫困户亲戚是县干部，而贫困户的这一占比为零。

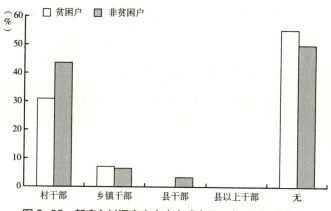

图 2-63　新店台村调查户家庭亲戚中是否有干部情况分布

第五节 扶贫脱贫效果评价

本节从贫困户和非贫困户两个视角，从贫困户选择、扶贫项目安排和扶贫效果三个维度，分析对扶贫脱贫效果的评价情况。

一 贫困户对扶贫脱贫效果的主观评价

所有贫困户都认为对本村贫困户的选择是合理的。调查显示，24.14%的贫困户认为贫困户选择非常合理，48.28%的贫困户认为贫困户选择比较合理，17.24%的贫困户认为贫困户选择一般。

绝大多数贫困户认为对本村安排的扶贫项目是合理的。调查显示，79.31%的贫困户认为扶贫项目安排是合理的（非常合理、比较合理、一般），但也有20.69%的贫困户认为扶贫项目安排不太合理。

绝大多数贫困户认为本村到目前为止的扶贫效果是好

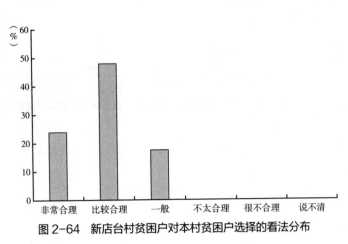

图2-64 新店台村贫困户对本村贫困户选择的看法分布

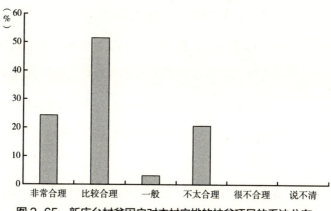
图2-65　新店台村贫困户对本村安排的扶贫项目的看法分布

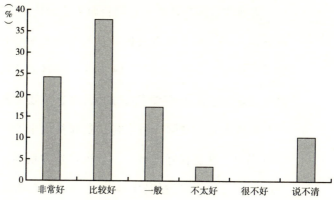
图2-66　新店台村贫困户对本村到目前为止的扶贫效果的看法分布

的。调查显示，79.31%的贫困户认为扶贫效果是好的（非常好、比较好、一般），但有3.45%的贫困户认为扶贫效果不太好，还有10.34%的贫困户对扶贫效果说不清。

二　非贫困户对扶贫脱贫效果的主观评价

多数非贫困户认为对本村贫困户选择是合理的。调查显示，65.63%的非贫困户认为贫困户选择是合理的（非常合理、比较合理、一般），但有 9.38% 的非贫困户认为贫困户选择不太合理，9.38% 的非贫困户认为贫困户选择很不合理，还有 6.25% 的非贫困户对贫困户选择说不清。

多数非贫困户认为对本村安排的扶贫项目是合理的。调查显示，65.63% 的非贫困户认为扶贫项目安排是合理的（非常合理、比较合理、一般），但有 18.75% 的非贫困户认为扶贫项目安排不太合理，6.25% 的非贫困户认为扶贫项目安排很不合理，还有 6.25% 的非贫困户对扶贫项目安排说不清。

多数非贫困户认为本村到目前为止的扶贫效果是好的。调查显示，65.63% 的非贫困户认为扶贫效果是好的（非常好、比较好、一般），但有 18.75% 的非贫困户认为扶贫效果不太好，还有 15.63% 的非贫困户对扶贫效果说不清。

总体来看，贫困户对本村扶贫脱贫效果的评价要优于非贫困户。这是很好理解的，贫困户作为精准扶贫工作的"受益方"，在扶贫脱贫工作中得到了技能培训、小额贷款、发展生产、带动就业、基础设施建设、公共服务和社会事业等多方面的优惠政策支持，这些举措对改善家庭生

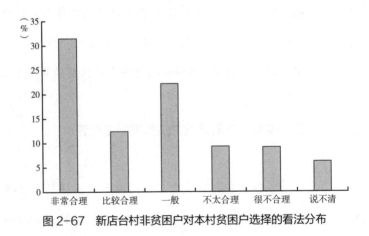

图 2-67 新店台村非贫困户对本村贫困户选择的看法分布

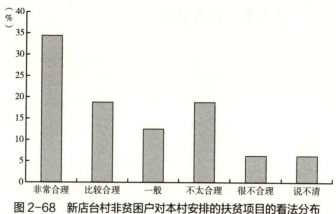

图 2-68　新店台村非贫困户对本村安排的扶贫项目的看法分布

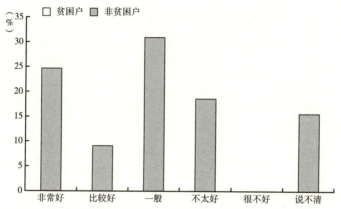

图 2-69　新店台村非贫困户对本村到目前为止的扶贫效果的看法分布

活条件、实现脱贫起到了显著效果，因此，贫困户对精准扶贫政策是高度拥护和赞同的，对扶贫脱贫效果的评价理所当然也是很高的。而非贫困户作为精准扶贫工作的"旁观者"，不仅没有直接享受到国家针对贫困户的扶贫政策，也没有间接享受到国家扶贫政策的外溢效应，非贫困户看到贫困户"免费"得到国家扶贫政策的各项扶持，不免有些"眼红"，从而表现出对精准扶贫政策的抱怨和对扶贫脱贫效果的不满意，也是情有可原的。

第六节　调查总结

通过贫困户和非贫困户在劳动就业、生活状况、教育医疗、政治社会关系以及对扶贫脱贫效果评价等方面的调查分析，本研究得到以下结论。

一是在劳动就业方面，贫困户的文化程度要低于非贫困户，主要体现在高中及以上文化程度方面；贫困户患有长期慢性病和大病的比例要明显高于非贫困户，劳动力缺乏尤其是技能劳动力缺乏是贫困户致贫的重要原因；新店台村农户外出务工的较少，劳动力尚没有从农业中解放出来，少数外出务工人员也只是在敦煌市域内打工，且以打零工为主，每年务工时间主要在 6 个月以内，呈现农忙时在家务农、农闲时进城务工的"双栖"特征；贫困户家庭中务工成员个数要明显低于非贫困户。

二是在生活状况方面，贫困户住房条件要差于非贫困户，主要体现在住房类型和互联网等家庭生活设施配置方面，而在供水、垃圾处理、污水排放等公共基础设施配置方面并无明显差异；贫困户家庭人均纯收入主要在 1000 元以下，工资性收入和农业经营收入是主要收入来源，食品、医疗和教育是三大支出项目；贫困户和非贫困户在彩色电视机、手机等日常家庭生活用品方面差异不大，而在联网的智能手机、摩托车等改善型家庭生活用品方面存在较大差距；大多数农户家庭都有贷款，贫困户和非贫困户在贷款来源方面没有显著差异，信用社贷款是主要来源，但贷款用途存在显著差异，非贫困户贷款主要用于发展生产，而贫困户贷款用途较为分散，除用于发展生产之外，还用于助病助残、助学等方面；通过比较分析，一方面充分暴露了贫困户安于现状、自身发展动力不足的问题，另一方面反映了我国经济社会发展给农民带来的获得感增强，但农民对未来家庭发展的信心和担忧并存。

三是在教育医疗方面，贫困户和非贫困户子女大多在接受中小学教育，正因为如此，子女上学的直接费用和间接费用都相对较低，全年上学费用基本上控制在 4000 元以内；对于有子女在大学继续深造的农户家庭而言，年均 15000~25000 元的上学费用是家庭的一项巨额开支，这会加剧贫困户家庭的暂时性贫困，也会使非贫困户家庭出现返贫现象；贫困户和非贫困户在参加新农合和城镇居民医保方面没有差异，但贫困户的商业保险参保率要明显低于非贫困户；贫困户和非贫困户在 20000 元以下的治疗总费用方面没有显著差别，但相当一部分贫困户家庭的治疗总费用超过 20000 元，患有长期慢性病的家庭因经济困难往往选择不治疗，家庭收入无力支撑高昂的治疗费用。

四是在政治社会关系方面，贫困户户主是党员身份和家中党员数量的占比均要明显低于非贫困户，贫困户参加村委会会议和投票、乡镇人大代表投票的比例也低于非贫困户；贫困户社会组织的参与率要明显低于非贫困户，表明非贫困户比贫困户有着更佳的精神状态和精神风貌，贫困户的"精气神"有待提高；贫困户亲戚是干部身份的比例要明显低于非贫困户。

五是在扶贫脱贫效果评价方面，贫困户对本村扶贫脱贫效果的评价要优于非贫困户。

第三章

莫高镇扶贫脱贫工作经验启示

新店台村作为莫高镇的一个自然村，其扶贫脱贫工作主要是落实敦煌市和莫高镇的相关工作部署。因此，本部分主要介绍莫高镇在扶贫脱贫工作中的典型经验及其借鉴启示。

第一节　莫高镇扶贫脱贫工作经验总结

一　加强组织领导，认真安排部署

　　莫高镇党委、政府高度重视精准扶贫工作，以中央、省市各级精准扶贫文件和会议精神为指导，以脱贫攻坚及巩固提升脱贫成果为重点，突出务实和创新两大要求，切实加强组织领导，精心安排部署，组织全镇 7 个驻村工作队、16 个联村单位、131 名联村干部抓实抓细各项联系帮扶工作，确保精准扶贫工作进一步深化拓展和持续高效推进，解决困扰群众产业发展的实际问题，增强帮扶户增收致富信心，为扶贫工作目标的实现提供坚强保障。

二 大力宣传政策，开展技能培训

一是广泛宣传政策，提高知晓度。通过集中培训、悬挂横幅、书写标语、设立喷绘牌面、发放宣传手册等形式，大力宣传教育惠民、精准助残、贫困户基础母羊调引、小额贷款支持等精准扶贫配套政策。二是积极开展培训，提升创业技能。授之以鱼不如授之以渔，按照敦煌市精准扶贫"1110"的脱贫目标[①]，以增强贫困户就业技能为目的，莫高镇先后组织开展了相关产业科技和就业技能培训，主要包括种植技术、养殖技术和清真拉面技术培训，确保每一个贫困村有一个致富产业、每一个贫困户有一项致富技能，共开展了各类培训 21 场，1500 人次参与，对贫困户的培训实现了全覆盖，完成劳务输转 3926 人，其中帮助贫困人口输转劳动力 436 人，占总贫困人口的 85%。三是组织理财讲座，精准贷款用途。双联干部和驻村工作队利用群众贷款的有利时机，向广大贷款贫困户

精准扶贫精准脱贫百村调研·新店台村卷

---

① 户均增加 1 亩高效田、户均输转 1 个劳动力、户均增养 10 只羊。

集中宣讲金融理财知识，教育引导贫困群众将贷款资金用在有效益、能致富的项目上，确保贷款资金能够按期收回，滚动发展。

三　精准识别对象，确保靶向定位

按照贫困户识别标准和建档立卡要求，莫高镇严把工作程序和标准，组织市、镇、村、组四级干部进村入户"认穷亲"。一是精心谋划准备。设计了涉及贫困户家庭人口、种养现状、重点支出、致贫原因等多方位、全角度、无盲点的"莫高镇精准扶贫入户调查表"，为摸清底数、掌握实情做了充分准备。二是诚心入户交流。通过点对点、面对面、坐炕头、拉家常式地与每一位贫困户进行交流，突出"看、听、访"。"看"就是看贫困户吃的什么、住的什么、用的什么、养的什么，"听"就是耐心倾听贫困户想的什么、盼的什么、牢骚是什么、需要我们做什么，"访"就是走访村上的干部、左邻右舍等，做到了精准扶贫工作底数清、问题清、对策清、责任清、问题清，确保了解到的情况客观真实、全面准确。三是用心分析归纳。根据每一户贫困户的基础资料建立数据库，分析每一户贫困户家庭的致贫原因、致富愿景等，填写发放了贫困户明白卡、扶贫手册，制订了贫困户脱贫计划，做到了"户有卡、村有册、镇有簿"，实现了对全镇贫困人口和家庭的动态化信息管理和精准识别，做到了底子清、情况明。按照上述要求，莫高镇对全镇8个行政村逐户进行了摸底识别，先后进行了3次摸底调查，做到了村不漏组、组不漏户、户不漏人。按照"五步一公示"①的工作程序，精准识别贫困户152户507人。

四　深化双联行动，实现精准帮扶

按照"规划到村、帮扶到户、责任到人"的工作思路，紧扣"重在联、贵在为、深在制"的双联行动要领，制定了《莫高镇深化双联行动推进精准扶贫实施方案》。帮扶干部在与农户充分沟通交流的基础上，帮助贫困户制订脱贫计划和具体增收措施，健全工作台账，以户为重点，对贫困户实行精准扶贫精准脱贫挂图作战，做到"一镇一图、一村一表、一户一卡"，即全镇建立贫困户分布情况作战图、各村建立贫困户信息表作战图、贫困户建立明白卡。并按照"每月督查、季度通报、半年评比、年终考核"的要求，强化工作督查。

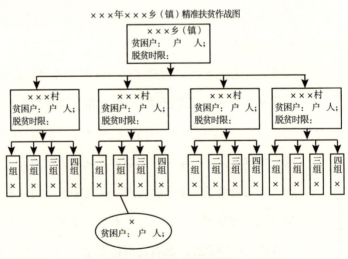

图3-1　精准扶贫作战图

资料来源：精准扶贫精准脱贫百村调研新店台村调研。

① 户申请、组评议、村审查、镇审核、市审定，公开公示。

双联行动帮扶案例

——2015 年敦煌市发改局帮扶新店台村精准扶贫情况

自精准扶贫行动开展以来，敦煌市发改局高度重视，扎实安排，迅速行动，按照"与民结对、为民解难、扶民脱贫、帮民致富"的工作思路，通过实地调研、上门走访，及时掌握莫高镇新店台村村情及 10 户扶贫户基本情况，并通过谋划发展、帮办实事，使精准扶贫工作得到了群众的一致肯定。

一 深入领会政策，周密安排部署

2015 年，发改局把精准扶贫工作作为一项重要政治任务来抓，坚持业务工作和精准扶贫"两手抓"两不误，及时组织干部职工学习省、市关于深化双联行动推进精准扶贫相关会议精神。通过深入学习贯彻，党员干部充分认识到了开展精准扶贫对推进双联工作的重要性，为积极有效开展精准扶贫行动奠定了良好的思想基础。同时组建了由局党总支书记任组长，其他领导班子成员及各股室负责人为成员的精准扶贫行动领导小组，确定专人负责相关工作。按照"年底全部实现脱贫"的目标，以"分户到人、组队帮扶、底数清楚、计划精准、落实有力"的扶贫措施，采用"一加三"工作法，每一名帮扶干部带领三名工作人员开展入户调查，填写了精准扶贫大数据调查表，制定了精准扶贫村级作战路线图，同扶贫户谈心交流，摸清家底，逐户制订并落实了精准的帮扶计划。结合新店台村的村情，制订了发改局《关于开展精准扶贫行动的实施方案》，拿出了切实可行的帮扶政策，细化了工作措施，明确了工作任务，就精准扶贫行动的顺利开展进行了详细的安排部署。

二 科学整合资源，落实帮办实事

发改局在帮扶形式上注重多渠道、宽领域，坚持全力帮扶与自身建设相结合、资金帮扶与思想帮扶相结合、履行职能与帮带任务相结合。自开展帮扶工作以来，发改局领导干部为了能帮助村民尽快脱贫致富，先后数十次深入乡村调查研究，寻找解决实际问题的好办法。新店台村位置偏远，土壤盐碱化程度大，家家户户通上了自来水，但有的组庄稼还在喝咸水，导致农作物产量低，且种植不了高效田，这是影响村经济发展的大事，更是影响农户收益的要紧事。另外，原新店台村村委会比较破旧，村"两委"班子在9月搬迁到原新店台村小学办公，村委会的取暖问题和办公设施问题要花费很大，而村委会的资金捉襟见肘。发改局经过实地考察与村干部、党员群众的沟通交流及局办公会研究，确定了被帮扶村新店台村的三件实事，并在10月初就全部完成：一是投入4万元资金为新店台村新打机井一眼，解决新店台村一组浇庄稼地的"咸水"问题；二是花费1万元解决了新店台村村委会搬迁以后的取暖问题；三是资助2.6万元解决了村委会的办公设施问题。这些举措为改善群众用水和新店台村村委会干部的办公环境，更好地服务群众起到了积极的作用。

同时，发改局的每一位干部也都真心实意地帮助农户做了不少实事：贾兆杰先后协调资金10万元为村办实事，鼓励农户发展养殖，不但为帮扶户申请了 5 万元的精准扶贫贷款，还通过其他途径协调贷款 2 万元，支持农户引进种羊。帮扶户李志成发展西瓜种植产业，10 亩西瓜按照市场批发价，每公斤能卖 0.8 元左右，发改局干部李建军积极帮助联系买家，最后以每公斤 1.4 元批发了出去，使农户的收入大幅提高。曹文渊得知帮扶户家有应届大学毕业生，多方打听消息，最后帮助到光电园区实现就业，月工资 2800 元，为农户解决了最大的难题。魏志军作为工作队队长，不仅跑遍了全市的养羊基地和畜禽市场，将优质的 50 只羊送到农户手中，还运用项目优势，为新店台村的 29 户扶贫户都联系了短工，为农闲时期农户增收创造了条件，得到了群众的称赞。经过大家的共同努力，发改局帮扶的农户户均增收 4000 元以上，平均增收率 200% 以上。

三 优化产业布局，确保帮扶效果

扶贫不是简简单单的"送钱送物"，关键是要把"输血"与"造血"有机结合起来，努力提高扶贫户自我发展能力，达到全面进步的目的。但是，现在帮扶户的严重问题是，单靠技术扶贫和发展种植业无法从根本上解决真正的贫困问题。这些扶贫户大多因病致贫、负债累累，或丧失家庭主要劳动力，夫妻中一人尚有劳动力的，只能农闲时打短工赚钱，不能长期离家。人多地少、承包地少是新店台村的普遍情况，10 户共 40 人 57 亩地，人均不到 1.5 亩。所以发展思路是一方面，经济支持是另一方面。最后，发改局主要在以下四个方面实施了帮扶政策：一是发展养殖业。在精准扶贫工作的过程中，发改局发现，所有帮扶户家里或多或少都养羊，有的还达到了二三十只，有的在湖滩上专门盖了房子搞养殖，地方大、草料多，但是苦于没有资金，无法扩大规模。发改局采取扶持养殖业、先"输血"后造血的帮扶措施，给每户送去5只羊，通过干部不断做思想工作、算对比账、宣传精准扶贫优惠政策、帮助协调贷款等实际行动，调动农户发展养殖的积极性，帮助农户增加养殖数量，建立长期增收的有效途径，增强帮扶户脱贫致富的能力。二是帮扶技术。通过邀请市林果专业技术人员、畜牧专业技术人员开展专题培训讲座，向农户发放技术资料和光盘，邀请畜牧局帮助做好动物防疫工作、打好防疫针等，不断提高帮扶户农业科技水平和调整农业产业结构能力，帮助农民增产增收。帮扶干部要替农户算好收益账，引导农户重视动物防疫，搞好禽畜管理，减少疾病造成的损失。三是输转劳务。发改局利用全市项目主抓优势，通过各项目包挂单位联系企业，收集招工信息，为2015年8月5日举办的精准扶贫劳务输转暨助推民营企业发展广场招聘会提供信息和职位，帮扶干部联系各自可以进行劳务输转的精准扶贫户参会，市就业中心提供招聘工作台和场地等，为劳务输转架起桥梁。四是调整产业结构。在村经济上扶持特色产业发展，积极对接酒泉种子公司，在新店台村八、九组发展制种产业，合理引导产业结构调整，取得了良好成绩，制种亩均收益均在5000元以上，有的达到了10000元，成为农业发展的一剂强心针，农民钱包鼓了，也有了信心。新店台村进一步扩大了制种面积，辐射带动新店台村更多的农户调整产业结构。

五　建立扶贫机制，加强制度保障

一是经常性组织开展入户走访活动，认真倾听贫困群众诉求，耐心询问每户家庭情况，深挖致贫根源，与贫困户交心谈心、算账对比，制订帮扶计划，谋划布局产业项目，形成了精准扶贫工作常态化机制。二是按照每村 1 名包片领导、2 名驻村干部、1 名大学生村官和 1 名党建联络员的人员配备标准，全镇共抽调 33 名干部和市直单位的 11 名干部在全镇 8 个村组建了 7 支驻村工作队。同时，把村民组织起来，把致富能手培育起来，把大学生村官、驻村工作队合理利用起来，并组织市、镇 31 家帮联单位，131 名帮联干部，包全镇 8 个村、53 个组、联系 152 户贫困户，确保了每户都有联系人、每人都有联系户，形成了对贫困户的帮扶力量聚合机制。三是充分发挥驻村工作队帮扶主力军作用，牵头制订各村年度工作计划，并协调配合村"两委"班子开展各项工作，每天都有干部驻村值守，年驻村工作时间 80 天以上，工作队员年驻村时间 40 天以上，驻村帮扶工作实现制度化。通过镇、村、各联村单位和各级干部的共同努力，全镇共培育苏家堡千亩温室、泾桥千亩旱酥梨、甘家堡千亩李广杏等 8 个农业产业化项目、流转土地 2500 亩，真正把村上的产业培育了起来，把土地流转了起来，把中心村建设了起来，把偏远村带动了起来，形成了对贫困户的整体牵引机制。

六　设计脱贫致富路，实现精准滴灌

针对贫困户不同的致贫原因，莫高镇坚持一把钥匙开一把锁，按照"一户一法"的要求，逐户量身定制帮扶措施，明确帮扶责任人、任务和时间，做到了号准病脉、开好处方、抓好良药，走好了"产业扶贫、政策扶贫、教育扶贫、电商扶贫、健康扶贫和项目扶贫"的六条脱贫致富路，实现了由"大水漫灌"到"精准滴灌"的蜕变。

一是走好产业扶贫的路子。在 2015 年的精准扶贫工作中，莫高镇采取抓重点、克难点、创亮点的工作思路，不断优化农业产业结构。大力发展了一批以瓜菜、大枣、温室蔬菜等为主的高效特色产业，先后建成了苏家堡温室蔬菜等 11 个产业发展示范点，为全镇农业向规模化、集约化发展注入了新的活力。根据劳动力构成等，各帮联单位共帮助贫困户调引基础母羊 195 只，捐赠蛋鸡、肉猪1022 头（只），出款出工修缮圈舍 1762 平方米，累计创收 70 多万元。依托敦煌文化旅游发展优势，在帮联单位的帮助下，全镇贫困户中发展农家乐、农家客栈 3 家，在邻近农家乐、农家客栈就业务工的贫困人口共计 66 人次，累计创收 74.2 万元。在 2015 年的农产品销售遇冷的行情下，各帮联单位和干部积极出谋划策，帮助农户销售农副产品，市发改局干部在得知新店台村四组贫困户李志成家西瓜销售困难时，帮助其联系买家并比市场销售价格高。

二是走好政策扶贫的路子。莫高镇将省、市精准扶贫目标要求、重点工作，特别是"1+17"扶贫政策中的"干货"梳理编印成简单明了、易懂易记的《莫高镇精准扶贫工作读本》、精准扶贫政策明白卡，发放给驻村工作队员、贫困户，让贫困户第一时间了解到、统筹好基础母羊调引、小额贷款支持等精准扶贫配套政策，发挥好政策在精准扶贫工作中的引领支撑作用，真正使党的好政策落到实处。截至目前，全镇共帮贷小额无息贷款 70 户，达 350 万元，落实 C 级危旧房改造贫困户 30 户，各项惠农政策的实施，为贫困户增收致富增添了信心。

三是走好教育扶贫的路子。知识改变命运，技能改变生活。莫高镇按照帮助一人就业、资助一人上学的要求，组织开展了葡萄标准化种植等各类技能培训 13 场次，共计 1650 余人次参与，实现了贫困人口全覆盖；在各帮联单位的协助下，全镇共劳务输转贫困人口 206 人次，占总贫困人口的 40.1%。市运管局为泾桥村二组贫困户段海忠在信贷公司联系了长期工作，帮其年增收 2 万余元；重点关注因学致贫家庭，充分利用"3+11"教育惠民政策，全镇受益贫困家庭 26 户、受益金额 10 多万元。市人防办成功为窦家墩村二组贫困户朱海英家的两个孩子办理了学费减免手续，节约家庭开支 3000 余元，基本实现了帮助一人读书、解决一人就业、带动一家脱贫的目标。

四是走好电商扶贫的路子。受全球经济下滑的影响，2015 年农产品市场低迷，农民种的、养的东西卖不出去、卖不上好价钱，而电子商务就为农民搭建了一个很好的致富平台。自精准扶贫工作开展以来，莫高镇各帮联干部对症下药，帮助有能力的年轻农民开网店、寻商机。据统计，全镇共开展针对贫困户的电子商务培训 3 场次，共计 150 余人次参与，全镇贫困户共开办网店 13 家，通过"电子商务 + 农产品"的经营模式，让本地农产品、工艺品"走出去"，让外面人流信息"流进来"，让贫困户的钱袋子"鼓起来"。

五是走好健康扶贫的路子。因病致贫、因残致贫是农户贫困的主要原因，为此莫高镇不断加大医疗卫生扶贫力度。联合镇属两个卫生院，开展了"送医送药入户"义诊活动，先后为全镇 348 名贫困人口进行了免费义诊，进一步增强了贫困群众的疾病预防知识和健康防病意识；针对卫计局精准扶贫惠农政策，市镇帮联干部积极宣传，上门免费成功办理残疾证 1 户 1 人，免费赠送助残轮椅 2 个；联系市藏医院为全镇 3 名贫困人口提供免费入院治疗，为他们的康复增添了希望。

六是走好项目扶贫的路子。项目是扶贫开发的主要动力，自精准扶贫活动开始以来，莫高镇和各帮联单位着力在水、房、路、林等方面争取项目，市林技中心帮助甘家堡村建设千亩李广杏基地，免费赠送苗木 2.8 万余株、免费嫁接苗木 320 亩，发放各类技术培训资料 600 余份，有效促进了传统农业的发展；市科技局多方争取资金，为莫高中心敬老院项目建设捐赠1万元，目前莫高中心敬老院已顺利完成主体工程建设。同时，莫高镇还积极引进双城特色农产品展示交易中心等15个建设项目，各项目的开工建设，不仅促进了本镇经济的发展，也为周边贫困户提供了更多的就业和发展机遇。

七　创新活动载体，丰富活动形式

一是精准扶贫与重点工作紧密结合。在进村入户帮扶过程中，坚持"进村抓产业、入户带增收"的原则，围绕促进产业提质增效的目标，广泛深入地宣传各项惠民政策，明确全镇各村工作重点，由帮扶单位帮助村里进一步厘清发展思路，解决在推动重点工作中遇到的困难和问题。二是精准扶贫与产业结构调整紧密结合。大力发展了一批以瓜菜、大枣、温室蔬菜等为主的高效特色产业，先后建成了苏家堡温室蔬菜等一批产业发展示范点，为全镇农业向规模化、集约化发展注入了新的活力；依托敦煌文化旅游发展优势，帮助贫困户发展农家乐、农家客栈；帮助甘家堡村建设千亩李广杏基地，免费赠送嫁、接苗木，有效促进了传统农业的发展；帮助贫困户通过小额无息贷款解决发展资金缺乏的问题；实现扶贫互助资金各村全覆盖，成立了莫高镇扶贫互助协会，为巩固脱贫成果提供了强有力的资金保障。三是精准扶贫与"两学一做"紧密结合。以深化推进"两学一做"学习教育活动为契机，积极改善村党组织基础设施条件，指导村党组织加强自身建设，增强凝聚力和战斗力，发挥好农民党员致富带头的先锋模范作用，采取帮思想促提高、帮技术促致富、帮项目促发展的"三帮三促"方式，帮助群众致富增收，稳固脱贫成果。

八　落实考评制度，强化督查机制

一是落实考评制度。为严格问效、强化担当，自加压力、推进落实，莫高镇实行"精准扶贫、挂图作战"，对各帮联单位、驻村工作队确定的帮扶措施、帮扶任务、脱贫目标，全镇统一喷绘制版，张贴上墙进行公示，接受广大干部群众监督，并严格实行限时办结和月季考核挂星制度，确保了省、市扶贫政策有的放矢、扶贫措施务实管用、扶贫机制高效畅通。二是强化督查机制。健全完善定期督查、专项督查、明察暗访等督查考评制度，组建成立了两支镇精准扶贫督查组，不定时、不打招呼地对各驻村工作队、帮联干部工作开展情况、到岗情况等进行督查，对工作中存在的问题及时提醒纠正，确保各项帮扶措施逐项落实到位。

第二节　莫高镇扶贫脱贫工作借鉴启示

敦煌市莫高镇的扶贫脱贫工作经验对今后的精准扶贫精准脱贫工作具有深刻的借鉴启示，可以归纳为"五个必须"：

必须领导高度重视、必须明确目标责任、必须做到真帮实帮、必须发挥社会力量、必须健全配套机制。

一 打好精准扶贫攻坚战必须领导高度重视

各级各部门坚持精准扶贫是全面建成小康社会的重大任务，牢固树立攻坚意识、精准意识，坚持"抓领导、领导抓"，特别是"一把手"自觉做到"五个带头"，即带头谋划抓双联、带头联村做表率、带头入户接地气、带头攻坚解难题、带头督促抓落实。各乡镇党委认真履行精准扶贫的主要责任，把更多精力投入到深化双联精准扶贫工作之中，坚持重大问题亲自研究、难点问题亲自协调、关键问题亲自过问，全力以赴抓好工作落实，切实把心思和精力集中到精准扶贫上、把措施和力量聚焦到精准扶贫上。

二 打好精准扶贫攻坚战必须明确目标责任

按照"深化双联、精准帮扶、责任到人、限期脱贫"的总体要求，做实"六个精准"，进一步明确帮扶对象、落实帮扶责任、细化目标措施、明确脱贫时限，形成"对对点、人盯人、一对一"精准帮扶机制。各级各部门要切实把精准扶贫摆到工作的突出位置，把扶贫攻坚的使命时时放在心上，把扶贫开发的责任牢牢扛在肩上，把扶贫开发的工作紧紧抓在手里，结合实际工作，因地制宜，分类指导，集中力量，重点突破，实现整体脱贫目标。

三 打好精准扶贫攻坚战必须做到真帮实帮

将精准扶贫与本地区本部门相关活动紧密结合，紧盯为民富民行动主旨，紧扣扶贫开发重中之重，广大党员干部认真落实驻村工作制度，通过单位联系贫困村、干部联系贫困户，破解农村发展难题，落实强农惠农政策措施，深入开展"培育产业促增收"活动，着力实施村有主导产业、户有致富门路、劳动力有致富技能"三个一"工程，在真诚联系群众、真心帮助群众、真情服务群众中锤炼作风、增长本领、密切党群干群关系，切实做到"真扶贫、扶真贫"。

四 打好精准扶贫攻坚战必须发挥社会力量

充分发挥好社会力量的"共鸣效应"，广泛动员，引导社会各界参与精准扶贫这项民心工程，搭建好社会帮扶这个平台，整合帮扶工作力量，凝聚起推动精准扶贫工作的强大社会正能量。积极联系调动非公企业、个体工商户、社会团体组织或个人等社会力量参与联系帮扶工作，拓展帮扶的社会覆盖面和参与度，为帮助村组发展、贫困户脱贫致富汇聚更多力量，不断拓展双联行动和扶贫攻坚的层次和空间。

五 打好精准扶贫攻坚战必须健全配套机制

把健全完善常态工作机制作为深化双联行动推进精准扶贫的助推器，坚持日常业务工作与精准扶贫工作有机结合、统筹安排、协调推进。按照"每月督查、季度通报、半年评比、年终考核"的要求，把平时督查与集中督查、专项督查与行业督查、日常检查与随机抽查贯穿于精准扶贫全过程，上级部门要成立精准扶贫工作督查组，制定下发督查办法，明确工作职责和督查内容，确保各项扶贫政策和帮扶措施落实到位。制定深化双联精准扶贫考核办法和帮扶干部考勤办法，将脱贫任务纳入党政领导班子和各级领导干部年度综合考核评价体系，加大赋分权重，量化考核评价，合理运用考核结果。

第四章

新店台村扶贫脱贫工作现状及
存在的问题

本章在第二章调查分析基础上，分析新店台村的扶贫脱贫工作现状，主要考察新店台村贫困户的贫困现状及其致贫原因，政府部门的扶贫举措及其扶贫效果，进而分析扶贫脱贫过程中存在的问题。

第一节 扶贫脱贫工作现状

一 贫困现状

总体来看，新店台村不存在大面积的贫困，也不存在绝对贫困，只是小面积的相对贫困。2015年，新店台村共有建档立卡贫困户29户，贫困人口106人，而全村共503户，总人口1780人，可见新店台村的贫困面仅为6%。到2016年，全村29户建档立卡贫困户106个贫困人口全部实现了脱贫，其中80%是因发展生产脱贫，20%是靠转移就业脱贫。

目前，贫困户和非贫困户在生活状况等方面仍然存在一定差距，当然这种差距也是相对的。在住房条件方面，

图4-1 新店台村贫困户家的灶台

（课题负责人朱承亮拍摄，2017年3月）

图4-2　新店台村贫困户家的热炕头

（课题负责人朱承亮拍摄，2017年3月）

贫困户住房条件要差于非贫困户，主要体现在住房类型和互联网等家庭生活设施配置方面，而在供水、垃圾处理、污水排放等公共基础设施配置方面并无明显差异；在家庭收支方面，2016年新店台村农民年人均纯收入为7342元，而贫困户家庭人均纯收入主要在1000元以下，工资性收入和农业经营收入是主要收入来源，食品、医疗和教育是三大支出项目；在家庭财产方面，贫困户和非贫困户在彩色电视机、手机等日常家庭生活用品方面差异不大，而在联网的智能手机、摩托车等改善型家庭生活用品方面存在较大差距，且大多数农户家庭有贷款，贫困户和非贫困户在贷款来源方面没有显著差异，信用社贷款是主要来源，但贷款用途存在显著差异，非贫困户贷款主要用于发展生产，而贫困户贷款用途较为分散，除用于发展生产之外，还用于助病助残、助学等方面。

图 4-3　新店台村贫困户家门口

（课题负责人朱承亮拍摄，2017 年 3 月）

图 4-4　新店台村贫困户家内厅堂

（课题负责人朱承亮拍摄，2017 年 3 月）

图 4-5　新店台村贫困户家取暖设备

（课题负责人朱承亮拍摄，2017 年 3 月）

图 4-6　新店台村贫困户家电视机

（课题负责人朱承亮拍摄，2017 年 3 月）

图 4-7　新店台村贫困户家的后院养鸡场地

（课题负责人朱承亮拍摄，2017 年 3 月）

图 4-8　新店台村贫困户家的三轮车

（课题负责人朱承亮拍摄，2017 年 3 月）

二　致贫原因

国内外学者在理论层面上对贫困成因展开了大量研究。就国外研究而言，马尔萨斯的"人口贫困"理论、马克思的贫困理论、纳尔斯的"恶性循环贫困"理论、纳尔逊的"低水平均衡陷阱"理论、阿玛蒂亚·森的"能力贫困"理论和刘易斯的城乡"二元经济"理论等，都对贫困成因做了大量研究，这些也是目前国内外多数学者研究贫困问题的理论基础。就国内研究而言，大致可以将贫困成因归纳为自然资源贫困论、人力资本贫困论、政策制度贫困论、综合因素致贫论等。自然资源贫困论认为土地、矿藏、水资源等自然资源是导致贫困的重要原因。人力资本贫困论认为人力资本相对不足是贫困的根本原因，这包括经济发展的思想观念如宗教文化、排外意识强烈等等。政策制度贫困论认为土地制度、户籍制度、税费制度、教育制度以及政治体制中不合理的成分是导致贫困的重要因素。综合因素致贫论认为贫困是自然、人力资本、经济、社会、制度、历史等多种因素综合作用的结果。

一般而言，导致居民贫困的原因有以下几个：生病、残疾、上学、灾害、缺土地、缺水、缺技术、缺劳力、缺资金、交通条件落后、自身发展动力不足、婚姻等等。调查表明，新店台村居民致贫的主要原因为生病、上学和缺劳力，占比分别为 20%、60%、20%。因病致贫，尤其是患有长期慢性病或大病，是导致家庭贫困的罪魁祸首。因学致贫，尤其是大学教育阶段的高额学费和生活费用开支，也是导致家庭贫困的重要原因。残疾、疾病丧失劳动能力，导致劳动力短缺，无法有效开展农业活动也成为家庭贫困的重要原因。

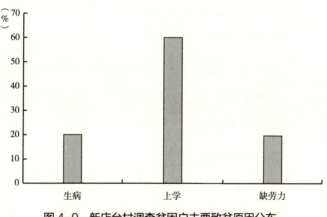

图 4-9　新店台村调查贫困户主要致贫原因分布

1. 因病致贫

因病致贫尤其是患有长期慢性病、大病、重病是导致农村人口贫困的罪魁祸首。据统计，截至 2015 年底，因病致贫、因病返贫的贫困户占建档立卡贫困户的比例达到44.1%，涉及近2000万人，其中患有大病和慢性病人数734万人。近几年，随着脱贫攻坚工作不断深入，因病致贫、因病返贫比例不降反升，从2013年的42.2%上升到2015年的44.1%，疾病已成为贫困增量产生的主要原因之一。据专项调查，在因病致贫、因病返贫家庭中患大病、重病的约330万人，患长期慢性病的约400万人，其中15~59岁劳动力年龄段患者占41%。[①]2016年全国建档立卡数据显示，因病致贫、因病返贫的贫困户仍占到贫困户总数的42.6%。[②] 中国四成贫困家庭是因病致贫，防止因病致贫、因病返贫是脱贫攻坚这个"硬骨头"中的"硬骨头"。党中央、国务院高度重视健康扶贫工作，2016年，国家卫生计生委会同国务院扶贫办等15个中央部门制定印发了《关于实施健康扶贫工程的指导意见》。针对因病致贫、因病返贫方面最突出的大病、慢病和重病问题，2017年，由国家卫生计生委牵头，国务院扶贫办等六部委共同推出了《健康扶贫工程"三个一批"行动计划》，对大病患者集中救治，对慢性病患者签约服务管理，对重病患者兜底保障。

从新店台村的调查结果来看，因病致贫也是导致居民贫困的主要原因，约六成居民是因病致贫。这些疾病主要涉及心绞痛、慢性脑梗、高血压、心脏病等长期慢性病和

---

① 《〈健康扶贫工程"三个一批"行动计划〉解读》，国家卫生计生委网站，2017年4月20日。

② 《扶贫办：未来几年努力解决大病患者因病致贫、因病返贫问题》，央视网，2017年4月21日。

大病。贫困户家庭成员患有长期慢性病和大病的比例要明显高于非贫困户，且有高达 20.69% 的贫困户家庭的年治疗总费用超过了 20000 元，虽然所有的贫困户均参加了新农合，但受医疗报销制度的限制，不少费用得贫困户自掏腰包，家庭收入无力支撑高昂的治疗费用，导致患有长期慢性病的家庭往往选择不治疗。比如有一户贫困户，一家五口，户主 60 多岁，患有慢性脑梗，导致部分丧失劳动能力，只能干点力所能及的农活，家庭收入主要靠儿子在市内务工所得，2016 年户主脑梗发作，治疗总费用约 30000元，虽然参加了新农合，但绝大多数都无法报销，自费掏了 28000 元，而家庭全年总收入不到 30000 元，其中工资性收入 24000 元，农业经营收入 600 元，养老金收入 3120元，导致入不敷出，该户属于典型的因病致贫、因病返贫。

2. 因学致贫

"因学致贫"是近几年社会各界广为关注的问题，它已经与"因病致贫"并称为影响脱贫攻坚的"拦路虎"。所谓"因学致贫"，就是说一旦家庭中有孩子接受教育，家庭便开始贫困，贫困的原因就是现在的教育成本越来越高，教育的预期收益率却越来越低，教育投入成为"亏本买卖"。这种现实已经导致许多家庭形成了"一方面希望孩子上学，另一方面又害怕孩子上学"的矛盾心态。对于贫困人口，如果政府不解决其子女上学费用问题，学费对这些家庭来说就会成为一笔沉重负担，会影响他们脱贫；对于刚刚脱贫的人口，如果政府不能解决其子女上学费用问题，他们很可能就会因学返贫、因学致贫。我国高度重视因学致贫问题，制定了多项政策杜绝因学致贫、因学返贫现象的发生，完善学生资助体系，发放救助资金，开展技能培训，力争不让一个家庭"因学致贫"、不让一个孩子"因贫辍学"。

从新店台村的调查结果来看，因学致贫，尤其是大学教育阶段的高额学费和生活费用开支，也是导致家庭贫困的重要原因。调查发现，2016 年，有 3.45% 的贫困户子女上学直接费用为 10000~20000 元，间接费用超过 5000 元。对于有子女继续深造的贫困户而言，年均 15000~25000 元的上学费用是一项巨额的家庭开支，这会加剧贫困户家庭的暂时性贫困。此外，因学致贫、因贫辍学现象在新店台村也有所体现，贫困户子女在完成九年义务教育或高中教育之后，大多处于失学辍学状态。调查显示，在新店台村 2017 年上半年子女就学状态中，有 3.45% 的贫困户子女处于失学辍学状态，且家庭条件不足以支撑子女继续上大学或大专的费用是失学辍学的重要原因。比如一个贫困户家有一儿一女，大女儿大学在读，小儿子高中在读，面对子女沉重的学费和生活费压力，家中已经举债数万元。

3. 缺乏劳动力

缺乏劳动力是农户致贫的重要原因。在缺乏劳动力的贫困户中，除因病因伤因残疾而丧失劳动能力的贫困户外，以寡居、独居的老龄户为主，这部分贫困户因年龄较大，没有劳动能力，收入来源少。从新店台村的调查结果来看，劳动力缺乏，尤其是技能劳动力缺乏是新店台村贫困户致贫的重要原因。调查显示,从家庭中有 3 个及以上普通劳动力占比来看,贫困户要明显低于非贫困户;从技能劳动力来看,贫困户家庭拥有技能劳动力的人数更是匮乏,非贫困户家庭中有 2~3 人为技术劳动力的比例均为3.13%,而贫困户家庭为零。此外,调查还发现贫困户家庭成员中丧失部分劳动能力和无劳动能力人数的占比要明显高于非贫困户家庭。缺乏劳动力,一方面使贫困户家庭缺乏可以输转的劳动力,这些农户无法通过务工带来工资性收入,另一方面也不能满足发展种植业所必需的基本劳动力需求,这些农户无法获得农业经营性收入。

三 扶贫举措

1. 敦煌市"一二三四"扶贫模式

自甘肃省精准扶贫工作启动以来,敦煌市高度重视,迅速行动,围绕全市 807 户贫困户、2770 人贫困人口整体脱贫目标,扎实安排部署,不断创新工作举措,强化配套措施,精确扶贫举措,集中有限资源和优势兵力,大力实施定向"喷灌"、定点"滴灌",全力推进精准扶贫工作取得实效。敦煌市扶贫脱贫工作摸索出了一个"一二三四"扶贫模式,即紧盯一个目标,突出"造血"功能;强化两个支撑,精准发力助发展;完善三个体系,夯实基础再提速;推进"四化"方式,创新举措促脱贫。

(1)紧盯一个目标,突出"造血"功能

围绕 2015 年底全市贫困人口整体脱贫的目标,按照

"一乡一特色、一乡一风情、一村一产业"的发展思路，围绕特色林果、优质瓜菜、设施养殖、劳务输转等优势产业，因地制宜，因户施策，认真开展调查研究，帮助制定贫困户脱贫计划，精准制定扶贫措施，指导农户调优产业结构，提升标准化生产水平，实现"户均增加一亩高效田、户均输转一个劳动力、户均增养十只羊"的"1110"发展目标。积极组织开展各类科技培训，为贫困户调引基础母羊，修建养殖圈舍，进一步提高贫困户发展养殖的积极性。组织开展"敦煌市2015年精准扶贫劳务输转暨助推民营企业发展广场招聘会"等劳务培训输转活动，组织有条件的农户直接参与乡村旅游经营，并通过出售自家的农副土特产品获得收入，积极为贫困户搭建就业平台，努力实现贫困人口劳务输转。

（2）强化两个支撑，精准发力助发展

一是强化政策支撑。根据甘肃省委省政府"1+17"精准扶贫方案和酒泉市精准扶贫政策措施，结合敦煌市工作实际，制定出台了敦煌市"2+18"精准扶贫扶持政策。敦煌市财政已设立专项补助资金，对贫困户社员入股金额给予1∶1配套补助。为每个村确定1名农技特派员，常年开展农业科技服务和技术指导，帮助解决农业生产中普遍存在的配方施肥、田间管理、病虫害防治、畜牧养殖等问题。对807户贫困家庭中正在接受教育的学生，按照定人定向、精准到人的原则，严格落实"3+11"教育惠民政策。从2015年起，全市贫困人口新农合政策内住院费用报销比例提高5个百分点，预计每年减轻就医负担约20

万元。从 2016 年起，全市贫困人口普通住院起付线在原来的基础上降低 30%，每年减轻就医负担约 10 万元。

二是强化资金支撑。在制定出台各项扶持政策的基础上，筹措 500 万元设立精准扶贫专项资金，重点用于基础设施和公益项目建设，目前已完成部分高效节水面积改造、养殖圈舍修建、调引基础母羊等富民工程。同时，各联村单位共为联系村帮扶资金 180 多万元。

（3）完善三个体系，夯实基础再提速

一是完善基础设施保障体系。按照《敦煌市深化双联行动推进精准扶贫实施意见》和《敦煌市扎实推进精准扶贫工作实施方案》，要求每个单位每年至少为联系村帮办实事 3 件，引进并实施项目 1 个。各帮联单位积极发挥职能和资源优势，通过项目引进、美丽乡村建设、"一事一议"等途径，积极推进帮联村基础设施建设，落实"滴灌"和"管灌"，硬化村组道路，修建文化活动场所，新植农田防护林和绿色通道，解决一批基础建设瓶颈问题。

二是完善公共服务保障体系。动员社会各界力量，全方位争取项目、多渠道提供帮扶，有效提升基层公共保障能力。发放农村义务教育阶段学生营养餐补助，落实普通高中春季助学金、中职学校春季减免学费、贫困家庭学生国家助学金、生源地信用助学贷款；落实敦煌市贫困家庭学生结对帮扶，确保每一位贫困家庭学生不因贫失学。完成了 8 个乡镇卫生院的改造提升，创建了 2 个城市社区老年人日间照料中心和 8 个农村互助老人幸福院，并且将农村低保一类补助水平提升到 275 元/人、二类补助水平提升到 234 元 / 人，有效提高了农村卫生救助保障水平。将符合新农合报销要求的贫困户的住院费用报销比例提高 5 个百分点，进一步减轻贫困户就医负担。

三是完善督查考核工作体系。按照"每月督查、季度通报、半年评比、年终考核"的要求，把平时督查与集中督查、专项督查与行业督查、日常检查与随机抽查贯穿于精准扶贫全过程，敦煌市专门成立了 2 个精准扶贫工作督查组，制定下发了督查办法，明确了工作职责和督查内容，确保各项扶贫政策和帮扶措施落实到位。制定了深化双联精准扶贫考核办法和帮扶干部考勤办法，将脱贫任务作为科学发展业绩考核的主要指标，纳入党政领导班子和各级领导干部年度综合考核评价体系，加大赋分权重，量化考核评价，及时运用考核结果。

（4）推进"四化"方式，创新举措促脱贫

一是坚持产业联动，推进融合化扶贫。按照"为文而农、为游而农、为城而农"的"三为"农业发展方向，充分利用沿路、靠景、接城的区位优势，深入推进休闲农业与乡村旅游融合发展，把村庄原生态、田园景观、山水资源、历史遗存等自然资源和文化资源转化成促进农民增收的现实资本，建成了"龙勒村历史文化旅游型、月牙泉村生态旅游型"等一批特色村、精品村，修建了 4 条农家乐、农家客栈主题街区。加强一、三产业融合发展，积极引导农户参与旅游接待、餐饮服务、工艺品和土特产品销售等活动，带动贫困户就业。

二是调整农业结构，推进产业化扶贫。按照"果进棉退、扩大养殖、调优品质"的思路，大力调整优化种植业结构，形成以特色林果、设施瓜菜、种草养畜为主的多元化农业产业结构。2016 年，全市新植特色林果面积 2.84 万亩，种植瓜菜 9.7 万亩，落实日光温室 1221 亩，落实塑料大棚 3180 亩，新增肉羊饲养量 9.2 万只。

三是凝聚帮扶力量，推进社会化扶贫。一方面，整合规范驻村帮扶工作力量，从市级各帮联单位选派优秀科级干部，整合双联干部、大学生村官和乡镇包村干部 176 人组成的 45 个精准扶贫驻村帮扶工作队已进驻各村开展帮扶工作；市级领导带领相关部门深入乡镇、村组调研，争取对接项目，解决发展难题；帮联单位为联系村帮办实事，帮联干部为贫困户帮办实事；帮联干部走访困难群众，化解矛盾纠纷；帮扶单位落实帮扶资金，有力推动了村组优势产业培育、基础设施建设、公共服务发展、壮大村集体经济和各项惠农政策落实。另一方面，积极引导和鼓励企业、社会组织参与扶贫攻坚，开展"一对一""手拉手"精准帮扶；调动工青妇等群团组织力量，推动爱心捐赠、结对帮扶、扶贫志愿者行动、科技推广等扶贫活动深入开展。

四是创新工作举措，推进特色化扶贫。加快家庭农场、专业大户、产业协会等新型经营主体规模化和规范化建设，引导贫困户依法、自愿有偿流转土地经营权，鼓励贫困户以土地和农业设施、机械等优先作价入股，参与组建农民专业合作社，提高贫困群众的组织化程度和产业化经营水平。加快发展电子商务，重点打造以"敦煌智慧旅游公司"为主的旅游电子商务产业基地和以"敦煌市龙德盛农产品交易市场"为主的农产品电子商务产业基地，组织开展精准扶贫电子商务培训班、精准扶贫青年在行动等电子商务专题培训。积极引进农产品龙头企业，促进农业产业升级、农民增收。

2. 敦煌市具体扶贫举措

为贯彻落实中央、省市关于精准扶贫、精准脱贫文件精神，实现精准扶贫、精准脱贫，全面建成小康社会，敦煌市和莫高镇出台了多个文件、采取了多项措施努力实现脱贫事业。敦煌市具体的扶贫举措如下。

（1）"全链条"靠实责任

全面推行市委主要领导包整片抓分片，市人大、市政府、市政协主要领导包分片抓乡镇，市委常委包镇抓组，县级干部包组抓户，科级干部结对包户帮扶的责任制，全市 170 个单位、729 名科级以上领导干部组成 45 个工作组，抽调 68 名科级干部、108 名机关干部组建 45 个驻村工作队，分别与农村 8 个镇 56 个村、807 户、2770 名贫困人口结成联系帮扶关系，形成了"三级联动、一体作战、合力攻坚"的责任体系。

（2）"全覆盖"配套政策

根据甘肃省委、省政府"1+17"精准扶贫工作方案[①]和酒泉市精准扶贫政策措施，结合敦煌市工作实际，制定出

---

① "1"是指省委、省政府《关于扎实推进精准扶贫工作的意见》；17 个精准扶贫工作方案是：省直部门配套出台的关于饮水安全、动力电覆盖、交通、农村危房改造、易地搬迁、生态环境、富民产业培育、电商、教育、卫生、贫困乡村文化场所建设、社会救助、小额信贷、劳动力培训、干部人才等 15 个支持计划的实施方案和《关于全省贫困村驻村帮扶工作队力量整合和加强管理的实施办法》《关于全省贫困县党政领导班子和领导干部经济社会发展实绩的考核办法》。

台了敦煌市"2+18"精准扶贫扶持政策[①]，共涉及补助资金1100万元，其中敦煌市筹措专项资金500万元，用于危旧房改造、产业补助、贴息贷款等政策扶持。为每个村确定1名农技特派员，常年开展农业科技服务和技术指导。全面落实贫困家庭"3+11"教育惠民政策[②]，发放农村义务教育阶段学生营养餐补助321人次、12.84万元，落实贫困家庭学生国家助学金、生源地信用助学贷款12.8万元，落实贫困家庭学生结对帮扶177人次、31.9万元。从2015年起，敦煌市全市贫困人口新农合政策内住院费用报销比例提高5个百分点，预计每年减轻就医负担约20万元。从2016年起，敦煌市全市贫困人口普通住院起付线在原来5000元的基础上下降到3000元，每年减轻就医负担约10万元。

（3）"全天候"驻村帮扶

按照全天候驻村、无缝隙对接的要求，把时间、精力、智慧完全融入驻村帮扶中，逐村逐户分析致贫原因，制定帮扶规划和具体扶持措施，集中力量驻村帮扶，防止返贫发生，巩固脱贫成果。市级领导带领相关部门深入乡镇、村组调研60余次，全市169个单位，729名科级以上

---

① "2"即实施意见及方案；"18"即15项政策、3个办法。其中1个实施意见是《敦煌市深化双联行动推进精准扶贫的实施意见》。15项精准扶贫政策是：设立精准扶贫专项贷款财政贴息专项资金；建立精准扶贫专项贷款风险补偿基金；设立贫困户基础母羊调引补助资金；加大精准扶贫培训力度，支持贫困户劳务输转；设立农民专业合作社扶贫对象入社专项资金；扶持畜牧业、设施蔬菜等特色产业贷款；加强农林牧技术服务支持；优先享受造林补贴项目补助政策；争取新一轮退耕还林政策补助；完善特色林果产业扶贫支持政策；积极落实精准扶贫危房改造政策；提高农村低保一、二类对象补助水平，提高医疗救助水平；着力解决"因病致贫"和"因病返贫"问题；全面落实教育资助政策；《敦煌市深化双联精准扶贫考核办法》。
② 《敦煌市"3+11"教育惠民政策实施细则》中的3项普惠政策和11项资助政策。

领导干部，45 个精准扶贫驻村帮扶工作队深入 56 个联系村开展帮扶工作 80 天以上；各级干部累计入户 4100 多次，填写台账 56 册，争取对接项目，解决发展难题，有力推进精准扶贫工作纵深开展。

（4）"全方位"精准施策

按照"因村施策、因户施法，对症下药、靶向治贫"的工作思路，充分利用沿路、靠景、接城的区位优势，深入推进休闲农业与乡村旅游融合发展，建成了"龙勒村历史文化旅游型、月牙泉村生态旅游型"等一批特色村、精品村；修建了 4 条农家乐、农家客栈主题街区。大力调整优化种植业结构，形成以特色林果、设施瓜菜、种草养畜为主的多元化农业产业结构，全市新植特色林果面积 2.84 万亩，种植瓜菜 9.6 万亩，落实日光温室 1221 亩，落实塑料大棚 3180 亩，新增肉羊饲养量 9.2 万只。全市新增土地流转面积 2.11 万亩，落实市级示范性家庭农场 20 家，建立高标准农民合作社 16 个。加快电子商务发展，重点打造了以"敦煌智慧旅游公司"为主的旅游电子商务产业基地和以"敦煌市龙德盛农产品交易市场"为主的农产品电子商务产业基地。

（5）"全范围"融合联动

充分发挥社会力量的"共鸣效应"，将精准扶贫与"飞天先锋"工程、"强基富民、驻村入户"等活动有机结合，引导社会各界参与精准扶贫这项政治工程、民心工程和德政工程，逐步形成了全社会覆盖、全方位参与的扶贫格局。整合规范驻村帮扶工作力量，整合双联干部、大学生村官和乡镇包村干部进村入户开展帮扶工作；帮扶单位积极发挥自身优势，争取项目、资金、政策，有力地推动了村组优势产业培育、基础设施建设、公共服务发展、村集体经济发展。引导和鼓励企业、社会组织参与扶贫攻坚，调动工青妇等群团组织力量，推动爱心捐赠、结对帮扶、扶贫志愿者行动等扶贫活动深入开展，捐资 15 万余元、54 名贫困户学生获得了资助；推动"百企帮百村"行动，通过产业扶贫、项目扶贫、商贸扶贫、就业扶贫、智力扶贫等途径，帮助贫困人口相对集中的行政村建立帮扶长效机制，努力实现村企互惠双赢。截至 2016 年底，敦煌市 13 家企业与 13 个村实现了结对帮扶。

（6）"全过程"督查考核

按照"每月督查、季度通报、半年评比、年终考核"的要求，把平时督查与集中督查、专项督查与行业督查、日常检查与随机抽查贯穿于精准扶贫全过程，敦煌市专门成立了 2 个精准扶贫工作督查组，制定下发了督查办法，明确了工作职责和督查内容，确保各项扶贫政策和帮扶措施落实到位。制定了深化双联精准扶贫考核办法和帮扶干部考勤办法，将脱贫任务作为科学发展业绩考核的主要指标，纳入党政领导班子和各级领导干部年度综合考核评价体系，加大赋分权重，量化考核评价，及时运用考核结果。

（7）"全参与"脱贫验收

按照省、市要求，贫困户及村、乡、县级干部严格按照脱贫退出标准"全参与"了脱贫验收工作，层层落实"4342"

脱贫验收责任①。村党支部书记、村委会主任、驻村帮扶工作队队长、贫困户四方在贫困户脱贫验收表上签字；乡（镇）党委书记、乡（镇）长、乡（镇）扶贫工作站站长三人在本乡（镇）脱贫人口花名册表上共同签字；县（区）委书记、县（区）长、县（区）统计局局长、县（区）扶贫办主任四人在本市脱（返）贫人口汇总表上共同签字；市（州）委书记、市（州）长两人在本市（州）脱（返）贫人口汇总表上共同签字，对本市（州）脱贫的真实性负责，确保精准脱贫。

（8）"全不变"巩固提升

在2015年敦煌市实现整体脱贫的基础上，2016年，敦煌市将脱贫人口纳入脱贫攻坚范围，继续落实深化双联精准扶贫"2+18"政策，以增加脱贫人口收入为核心，建立健全长效扶贫工作机制，实现动态识别管理，保持机构不散、投入不降、政策不变、措施延续、模式创新，持续强化工作力度，进一步巩固提升脱贫成果，确保脱贫户稳定增收、不返贫。

（9）"全监测"脱贫人口

敦煌市利用精准扶贫大数据信息管理平台，对全市已

---

① "4342"脱贫验收责任，即村级脱贫验收"4"方责任，贫困村党支部书记、村委会主任、驻村帮扶工作队队长、贫困户四方在贫困户脱贫验收表、返贫人口认定表、贫困村退出验收表上共同签字，对本村脱贫验收的真实性负责。乡级脱贫验收"3"方责任，乡（镇）党委书记、乡（镇）长、乡（镇）扶贫工作站站长（扶贫专干）三人在本乡镇脱贫人口花名册、返贫人口花名册、贫困村退出验收表上共同签字，对本乡镇脱贫验收的真实性负责。县级脱贫验收"4"方责任，贫困县县（区）委书记、县（区）长、县（区）扶贫办主任、县（区）统计局局长四人在本县（区）脱贫人口汇总表、返贫人口汇总表、退出贫困村花名册、贫困县退出验收表上共同签字，非贫困县在脱贫人口汇总表、返贫人口汇总表上共同签字，对本县（区）脱贫验收的真实性负责。市级脱贫验收"2"方责任，市（州）委书记、市（州）长两人在本市（州）脱贫人口汇总表、返贫人口汇总表、退出贫困村花名册、贫困县退出验收表上共同签字，对本市（州）脱贫验收的真实性负责。

脱贫的 807 户 2770 人继续落实大数据信息采录工作，组织 9 个行业部门和 8 个农村乡镇，对 12 张户表和 10 张村表进行了每季度的采录工作，全面监测评估贫困人口生活现状及帮扶情况。通过 2015 年和 2016 年大数据采集录入工作，做到了及时掌握脱贫户收入、生产生活等情况，对脱贫户持续监测评估，对有返贫倾向的脱贫户加大帮扶力度，防止返贫发生。

3. 扶贫举措调查

一般而言，针对贫困户的帮扶措施主要有以下几项：一是技能培训，主要包括新生成劳动力职业教育培训、劳动力转移就业培训、农村实用技能培训和贫困村致富带头人培训等；二是小额贷款；三是发展生产，可以发展的产业包括种植业、养殖业、林果业、加工业、服务业等，可以支持的方式方法包括资金扶持、产业化带动、技术支持等；四是带动就业；五是易地搬迁；六是基础设施建设，主要包括自来水入户、小型水利建设、蓄水池建设、电入户、入户路修建、危房改造、设施农业大棚建设、牲畜圈舍建设、基本农田建设改善、沼气建设等；七是公共服务和社会事业，主要包括教育补助、疾病补助、灾害补助、低保补助、"五保"补助等。

调查发现，为了帮助贫困户脱贫致富，敦煌市采取了很多举措，通过打"组合拳"，多措并举消灭贫困。除了没有进行易地搬迁，敦煌市采取了技能培训、小额贷款、发展生产、带动就业、基础设施建设、公共服务和社会事业等方面的多项举措，力图打赢脱贫攻坚战。其中，在技术培训方

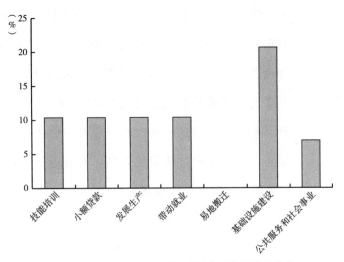

图 4-10　新店台村针对贫困户的主要帮扶措施分布

面，主要采取的举措是进行劳动力转移就业培训和农村实用技能培训；在发展生产方面，帮扶的产业主要是养殖业和林果业，帮扶的方式主要是送母羊、制种、化肥等生产资料；在基础设施建设方面，主要举措是进行小型水利建设、危房改造、设施农业大棚建设和基本农田建设改造；在公共服务和社会事业方面，主要举措是疾病补助和低保补助。

四　扶贫效果

自精准扶贫工作启动以来，敦煌市按照酒泉市委"四个六"[①] 精准扶贫工作的要求，围绕全市整体脱贫的目标，

---

① 深化"六个精准"、紧盯"六个落实"、做到"六个统一"、突出"六个到位"。"六个精准"指脱贫对象、目标、内容、方式、考核评价、保障措施精准。"六个落实"是指户主对象、责任主体、帮扶政策、计划指标、跟踪督查、扶贫效果落实。"六个统一"是指思想认识、人员培训、帮扶方式、工作规程、帮扶标准、考核验收统一。"六个到位"是指思想认识、组织领导、帮扶人员、措施办法、驻队考勤、专项督查到位。

迅速行动，扎实部署，创新举措，强化措施，精准发力，定向"喷灌"、定点"滴灌"，扶贫工作取得了显著成效。

1. 实现了整体脱贫，摘掉了穷帽

按照"深化双联、精准帮扶、责任到人、限期脱贫"的总体要求，全力提高精准确定的 807 户 2770 名贫困人口收入水平。2015 年底，贫困人口人均纯收入达到 4000 元以上，平均收入达到 5414 元，增幅达 130.7%，全面实现了整体脱贫的目标。

2. 夯实了基础设施，破除了穷障

围绕解决贫困群众出行难、饮水难、住房难等问题，充分整合资源、规划、项目、政策，积极推进"五大工程"，有力夯实了农村基础设施。积极推进高效节水工程，落实滴灌面积 1.7 万亩、管灌面积 1.2 万亩，衬砌渠道 72.7 公里；积极推进生态建设工程，新植农田防护林 77.5 公里、绿色通道 33 公里，农村生态环境得到明显提升；积极推进通村道路工程，铺油硬化通村道路 61.2 公里，实现了油路"村村通"；积极推进公共服务配套工程，建成"道德讲堂"、"乡村舞台"、健身广场 20 个，修建文化活动场所 1.9 万平方米，改造农村薄弱学校 20 个，提升乡镇卫生院 8 个，新建农村互助老人幸福院 8 个；积极推进危房改造工程，完成危房改造 38 户，贫困户修缮房屋 61 户、修缮面积达 6362 平方米。

3. 优化了产业结构，甩掉了穷业

按照"户均一亩高效田、户均输转一个劳动力、户均增养十只羊"的"1110"发展目标，因户施策、分类指导，

全力推进贫困群众产业结构调整，夯实贫困群众发展基础。共为贫困户落实葡萄、大枣、设施蔬菜等高效田 2821 亩，贫困户户均达到 3.5 亩。完成贫困人口劳务输转 859 人，实现劳务收入 609 万元。帮助贫困户发展养羊 4178 只，新增其他养殖 4552 头（只），贫困群众产业结构明显优化。

4. 改善了农村环境，换掉了穷貌

按照村容整洁、风貌统一、环境优美的要求，全力改善农村环境面貌。清理"三堆"4799 处、5.6 万方，临时摊点 25 处；修剪树木 6.2 万余株、砍伐枯树 3000 棵；硬化沿线路口 116 个、8700 平方米，铺设彩砖 16 公里，安装道牙砖 16 公里，铺设沿线线缆地埋 38 公里；拆除搬迁沿线企业 11 家、公路段油料厂 1 处、看果房 315 座、彩钢棚 110 处、温室 79 座，其他乱搭乱建 25 处；改造企业 12 家、企事业单位 5 家、加气站 1 家、加油站 4 家、农宅 1173 户、机井房 54 座和温室 113 座，农村环境面貌焕然一新。

5. 增强了造血功能，治好了穷病

坚持立足帮联村的资源实际，大力发展村级集体经济，突破贫困群众资金瓶颈，实现"输血式"帮扶向"造血式"扶贫转变。共为帮联村争取对接项目 29 个，帮扶资金 1094 万元；建立贷款风险补偿基金 68.2 万元，办理精准扶贫贷款 401 户、1913.6 万元；调引基础母羊 2206 只，修建标准化养殖圈舍 46 个。开展实用技术培训 566 场次，培训 4.68 万人次，贫困群众自身"造血"功能进一步提升。

6. 转变了思想观念，拔掉了穷根

坚持"既富口袋也富脑袋"，结合冬季农村集中教育

活动，认真开展入户宣讲活动，为贫困群众讲清了十八届三中、四中、五中全会精神，讲清了中央及省、市精准扶贫的各项惠农政策，讲清了敦煌国际文化旅游名城建设面临的良好机遇，进一步转变了贫困群众"小富即安"和"等、靠、要"等思想，最大限度地保护、激发了贫困群众的内生动力。

7. 完成了脱贫验收，靠实了责任

按照"853"挂图作业①相关规定，敦煌市完成了对贫困人口超过100人的4个村挂图上墙工作，对2014年度1312户已脱贫户和2015年度807户脱贫户填写户脱贫"三本账"，并对5类档案进行了健全完善，为脱贫验收提供了基础资料。按照省、市脱贫验收要求，敦煌市严格按照退出机制和"4342"脱贫验收层层落实责任，对2015年度脱贫户逐户对照脱贫指标进行评分，并通过贫困户签字认可，村、镇、县、市四级干部签字负责，提高了贫困人口脱贫退出的精准度。

8. 健全了保障措施，防止了返贫

为了进一步巩固提升脱贫成果，敦煌市制定了相关政策及长效保障机制。一是印发了《关于打赢精准脱贫攻坚战的实施方案》（敦办发〔2016〕72号），对敦煌市精准脱贫工作进行了详细的安排部署，并根据行业职能进行了

---

① 平台建设"八个准"：对象识别认定准、家庭情况核实准、致贫原因分析准、计划措施制定准、扶贫政策落实准、人均收入核查准、对象进出录入准、台账进度记录准；村级作战"五张图"：贫困人口分布、贫困人口致贫原因、贫困人口进出状态、全村脱贫目标任务、贫困户脱贫目标任务；贫困农户"三本账"：脱贫计划、帮扶措施、工作台账。

责任分工，规定了完成时限，确保全市精准脱贫工作进展顺利，确保脱贫成果稳步提升。二是制定了《关于巩固提升脱贫成果的工作意见》，以 2015 年底 807 户、2770 名脱贫人口为重点，加大技术、项目、信息等方面的扶持力度，进一步增加脱贫户收入，巩固提升脱贫成果。三是教育、卫生、残联等部门分别制定了《关于进一步建立防止"因病致贫、因病返贫"长效机制的实施意见》（敦政卫发〔2016〕372 号）、《关于预防因学返贫长效保障机制的办法》（敦教〔2016〕101 号）和《关于预防残疾人因残返贫的实施意见》（敦残字〔2016〕49 号），推进社会保障兜底工作常态化、规范化、制度化，确保脱贫户均能享受社会保障扶持政策，解决脱贫户在生活中的实际困难，防止因病、因学、因残返贫，巩固提升脱贫成果。

9. 加强了精准扶贫，深化了双联

为了进一步巩固提升脱贫成果，敦煌市把精准扶贫和双联行动深度融合，结合"两学一做"学习教育活动、"三春生产"等进村入户活动创新思路、增强实效、深化拓展。2016 年以来，敦煌市将帮扶重心放在 807 户已脱贫人口上，继续做实做细帮扶工作。一是强化了教育培训。全市抽调 178 名科技人员和干部，组成 40 个宣讲小分队，深入农村各乡镇、村、组，用通俗易懂的语言，为贫困户送政策、送技术，劳务技能培训 665 人（次），农业科技培训 1271 人（次），提升了已脱贫人口的科技素质。二是强化了解决诉求。结合"两学一做"学习教育活动，联户干部在宣讲政策中听取意见，共征求到群众意见建议 1385 条，现场反

表 4-1 2016 年新店台村脱贫户收入情况

项目 农户姓名	家庭基本情况				年内家庭纯收入							家庭人均纯收入（元）	2015年能否实现脱贫
	所在村组	人口（人）	劳动力（人）	耕地面积（亩）	合计（元）	其中							
						种植业纯收入（元）	养殖业纯收入（元）	劳务工资收入（元）	家庭财产性收入（元）	转移性收入（元）			
朱正录	一组	5	2	6.6	25600			23000	2300	300		5120	是
柴作德	一组	4	2	12	25860			24000	1560	300		6465	是
王雄	六组	2	1	8.4	9300			9000		300		4650	是
李德忠	六组	2	1	8.0	9200			6500	2400	300		4600	是
张国军	七组	4	2	4.5	18300	5000		13000		300		4575	是
黄生荣	七组	4	2	4.8	16800	3500		9000	4000	300		4200	是
侯传龙	八组	3	2	5.0	12430	7700	2430	2000		300		4143	是
沈彦刚	九组	3	1	8.0	12600					600		4200	是
陈国雄	九组	4	3	11.4	17400	15900	1200			300		4350	是

注：①家庭财产性收入包括参加合作社红利收益、投资收益、家庭房屋租金收入、承包地租金收入等；②转移性收入包括社会救济数助、各类惠农政策补助、政策性生活补贴、医药费报销、亲友资助、赡养费收入等。

资料来源：精准扶贫精准脱贫百村调研新店台村调研。

馈解答 894 条，梳理出基础建设、征地拆迁、医疗救助等需要市级相关部门答复办理的问题及建议 42 条，通过专题交办，督促落实，确保了群众关切件件有回应、群众诉求事事有着落。三是强化了融合联动。组织驻村工作队和帮扶干部进村入户，积极开展献爱心、送温暖活动，为联系户送去帮扶慰问金、生产生活物资共计 68 万元，解决群众生活困难问题 404 件，解决群众急事、难事 377 件，干部联户做到了"平时有人问、病时有人看、难时有人帮、节时有人访"。四是强化了社会管理。共开展与群众生产生活密切相关的法律知识宣讲、法律咨询服务等活动 353 场次，为困难群众提供法律援助 74 件。共排查化解各类矛盾纠纷 437 起，解答群众疑惑 981 件，矛盾纠纷排查调处率达到 100%，化解率达到 98%，有效维护了和谐稳定的社会环境。五是强化了卡表管理。敦煌市印发了深化双联精准扶贫台账 57 本、手册 730 本、明白卡 807 张，做到帮扶户有明白卡、帮扶干部有帮扶手册、联系村有工作台账。

贫困户脱贫案例

李建清，男，1955 年 2 月生，汉族，群众，莫高镇新店台村村民，属于新店台村的建档立卡户。李建清家有两个儿子，大儿子已成家，户口迁出，但是之前因为给大儿子买货车欠了不少债，货车却又赔了钱，老两口身体不好，不能种地。

李建清被确定为精准扶贫户后，按照"找准一个发展路子、制订一个脱贫计划、培育一个主导产业"的帮扶思路，敦煌市发改局帮扶干部走访他家详细了解家庭情况、致贫原因、主要困难和愿望需求后，多次上门讲政策、出点子，帮助他树立脱贫致富的信心。通过分析对比，认为发展养殖是最适合李建清一家的路子，经过做工作、算对比账、聊形势，最终李建清家下定决心发展养殖。

李建清结合市发改局对他帮扶了 5 只基础母羊的情况，对家中共计 23 只羊进行了育种育肥，请专家指导传授高产养殖措施，争取在年底多产几头小羊羔，增加家庭收入，补贴生活开支。

在养殖逐渐好转的情况下，他家的家庭生活也逐步得到了改善，李建清看着新修的房屋、家里养殖的 23 只羊，激动地说："共产党好，社会主义好，我一定不会辜负党对我的帮助，我一定会富裕起来的！"李建清家 2014 年人均纯收入 2000 元，2015 年达到 6466 元，增长率达 223%。

虽然摆脱了贫困的帽子，但是李建清并没有安于现状，看见同村的村民生活也不怎么好，就主动把养羊技术讲给大家听，给大家示范，他说："虽然我生活好了，但是这都是党给我的，我不能自私，我也要帮助其他的人，让他们像我一样过上好的生活！"

敦煌市和莫高镇的扶贫举措对新店台村的精准扶贫、精准脱贫工作起到了良好效果。到 2016 年，新店台村全村 29 户建档立卡贫困户 106 个贫困人口全部实现了脱贫。

从我们的调查结果来看，贫困户对本村扶贫脱贫效果的评价要优于非贫困户，所有贫困户认为对本村贫困户的选择都是合理的，绝大多数贫困户认为对本村安排的扶贫项目是合理的。此外，绝大多数贫困户认为本村到目前为止的扶贫效果是好的，调查显示，79.31%的贫困户认为扶贫效果是好的，但有3.45%的贫困户认为扶贫效果不太好，还有10.34%的贫困户对扶贫效果说不清。

新店台村两户精准扶贫户成功脱贫案例

——课题负责人挂职期间工作日志

课题负责人在敦煌市挂职莫高镇党委副书记期间，包抓的是新店台村，并且负责白平和宋彦明两户精准扶贫户的脱贫工作。

一 家庭基本情况

这次精准扶贫工作给我安排了两户精准扶贫户，分别是新店台村的白平和宋彦明。两户皆为4口之家，都有2个劳动力、2个在读学生。其中，白平家有两个儿子，大儿子高中在读、小儿子初中在读，爱人常年多病，一家开销全压在白平一个人身上，生活的压力和艰辛可想而知。宋彦明家有一儿一女，大女儿大学（兰州交通大学）在读、小儿子高中在读，面对子女沉重的学费和生活费压力，家中已经举债数万元。两户均只有4.5亩承包地，住房均为七八十年代的土木结构砖瓦房。

二 家庭收入来源

从家庭收入来源来看，2014年两户的全部家庭收入来源均为种植业和养殖业，家庭人均纯收入均偏低。其中，白平家种了4.5亩棉花，收入约1000元；承包了2亩地用于种植甜瓜，收入约为7000元；养了10只羊，收入大约2000元，全年家庭纯收入合计约10000元，家庭人均纯收入约2500元。相比白平家，宋彦明家2014年经济状况更加糟糕，种植了4.5亩棉花，收入约为3000元，养了10只羊，收入约为1500元，全年家庭纯收入合计约4500元，家庭人均纯收入仅为1125元。

三　致贫原因分析

从两户的致贫原因来看，主要是人多地少、因学致贫、因病致贫。其中还有一个关键的原因是，两户都非常依赖土地，均没有从自家人均一亩三分地中解放出来，没有实现有效的劳务输转。在人均土地很少的情况下，无法实现规模化种植。这一点也是敦煌市农户收入的主要特征，从全国情况来看，农户家庭收入来源呈现多元化趋势，其中工资性收入占到相当大的比重。而从敦煌市调研情况来看，农民家庭收入主要来源于种植业和养殖业，工资性收入占比甚微，收入来源呈现单一化特征。从我负责的两户精准扶贫户2014年的家庭收入来看，两户的家庭年收入均来源于种植业和养殖业为主的经营性收入，财产性收入、转移性收入和工资性收入均为零。

四　脱贫帮扶措施

从致贫原因出发，通过多次入户调研，在充分了解农户需求基础上，我为两户设计了2015年的增收计划，重要的是通过几件实事来帮助两户脱贫。两户的脱贫致富措施主要包括以下三点：一是及时提供用工信息，促进劳务输转；二是鼓励增加羊的养殖数量，扩大养殖规模；三是鼓励种植高效农作物，并及时提供农产品销售信息。在市帮联单位和镇相关部门的帮助与对接基础上，主要解决了以下三件实事：一是让每户从土地中解放 1 人，成功实现劳务输转；二是为每户赠送价值 1000 元的多羔多胎基础母羊 1 只，积极扩大养殖规模；三是为每户赠送有机化肥2 袋，鼓励种植高效农作物。此外，通过精准扶贫政策明白卡的宣传，积极为两户争取精准扶贫贷款 5 万元，还积极为白平家争取农村危房改造加固补助资金 1.15 万元。

五　精准扶贫效果

在敦煌市政府和莫高镇政府的相关政策帮助下，在农户的勤劳努力下，2015 年，两户家庭的种植业结构明显优

图 4-11　为每户精准扶贫户赠送价值 1000 元的多羔多胎基础母羊 1 只

（莫高镇办公室工作人员张润拍摄，2015 年 2 月）

图 4-12　为每户精准扶贫户赠送有机化肥 2 袋

（莫高镇办公室工作人员张润拍摄，2015 年 3 月）

化，养殖业规模明显扩大，劳务输转成效明显，经济收入明显增加，收入实现了多元化。

其中，白平家种植了 4.5 亩的葵花，可惜天公不作美，由于天灾，葵花的质量出现了问题，几乎颗粒无收；承包了 2 亩地用于种植玉米，主要为羊提供饲料；扩大了养殖规模，养羊的数量从 2014 年的 20 只扩大到 2015 年的 25 只，收入约为 3000 元；更为重要的是，通过用工信息及时沟通对接，白平赴敦煌、瓜州和玉门务工，收入约为 13000 元，2015 年家庭总收入约 16000 元，比 2014 年增加了 6000 元，2015 年人均纯收入达到了 4000 元，比 2014 年增加了 1500 元，增幅达 60%。

宋彦明家种植了 1.2 亩的玉米，收入约为 1600 元；承包了 8 亩地用于种植高效作物甜瓜，收入高达 12000 元；

扩大了养殖规模，养羊的数量从 2014 年的 10 只扩大到 2015 年的 15 只，收入约为 1000 元；通过用工信息及时沟通对接，宋彦明赴敦煌市打工，收入约为 2500 元，2015 年家庭总收入约 17100 元，比 2014 年增加了 12600 元，2015 年人均纯收入达到了 4275 元，比 2014 年增加了 3150 元，增幅高达 280%。

根据敦煌市脱贫考核标准，2015 年精准扶贫户家庭人均纯收入达到 3360 元即为脱贫。按照此标准考核，我负责的两户精准扶贫户均达到了脱贫标准，成功实现了脱贫。其中，白平家 2015 年人均纯收入达到了 4000 元，宋彦明家人均纯收入达到了 4275 元。

第二节　扶贫脱贫工作存在的问题

2013 年 11 月，习近平在湘西考察时首次提出了精准扶贫的概念。习近平总书记要求"扶贫要实事求是，因地制宜。要精准扶贫，切忌喊口号，也不要定好高骛远的目标"。2015 年 1 月，习近平在云南考察时再一次指出，"要以更加明确的目标、更加有力的举措、更加有效的行动，深入实施精准扶贫、精准脱贫，项目安排和资金使用都要提高精准度，扶到点上、根上，让贫困群众真正得到实惠"。2015 年 6 月，习近平在贵州考察期间明确提出了

"六个精准"的要求，即"扶持对象要精准、项目安排要精准、资金使用要精准、措施到位要精准、因村派人要精准、脱贫成效要精准"。"六个精准"是精准扶贫的本质要求，是做好精准扶贫工作的关键所在。

在"六个精准"思想指导下，我国扶贫工作已经取得了重大进展，但当前我国精准扶贫工作仍存在不少问题，学界对此展开了大量调查分析。张翼发现当前我国精准扶贫工作存在建档立卡贫困人口的识别不精准、文件下达的致贫结构与现实不符、脱贫规划未能完全动态跟进、产业扶持未能完全与贫困人口精准对接等问题。[①] 陈晓兰等基于四川省广元市苍溪县的调研发现，精准扶贫实践中存在有效识别误差、扶贫攻坚参与性不强和主体作用发挥不够、扶贫开发项目资金不足、脱贫摘帽后政策削减带来的返贫担忧情绪、一些干部固有的路径依赖导致粗放扶贫等问题。[②] 刘辉武基于贵州省铜仁市的调研发现，精准扶贫实践存在成本高、效率低、损害贫困人口的自主性以及排斥非贫困人口产生新的社会不公等问题。[③] 张雨和张新文基于豫南 Y 乡的调研发现，[④] 虽然中央明确提出"建立精准扶贫工作机制"，但扶贫依然存在不精准问题，主要表现在贫困户识别不精准、扶贫产业选择不精

---

① 张翼：《当前中国精准扶贫工作存在的主要问题及改进措施》，《国际经济评论》2016 年第 6 期。

② 陈晓兰、沙万强、贺立龙：《当前扶贫开发工作面临的问题及政策建议——来自四川省广元市苍溪县的调查报告》，《农村经济》2016 年第 1 期。

③ 刘辉武：《精准扶贫实施中问题、经验与策略选择——基于贵州省铜仁市的调查》，《农村经济》2016 年第 5 期。

④ 张雨、张新文：《扶贫中的不精准问题及其治理——基于豫南 Y 乡的调查》，《湖南农业大学学报》（社会科学版）2017 年第 5 期。

准、贫困动态管理不精准、考核不精准等，其主要是由压力型体制下的扶贫任务导向、村干部扶贫动力不足与驻村帮扶的形式化、地方政府间趋利避害的上下共谋所致。赵迎芳认为在文化扶贫领域存在一些地方政府对文化扶贫的内涵认识不到位、文化扶贫供给与需求脱节导致效能不高、文化扶贫的政策体系仍不完善、社会力量参与不足等问题。[①] 此外，精准扶贫领域的不正之风和腐败问题也频频出现。[②]

从我们的调查结果来看，虽然新店台村的精准扶贫、精准脱贫工作取得了良好效果，到 2016 年，新店台村全村 29 户建档立卡贫困户 106 个贫困人口全部实现了脱贫，但是新店台村的精准扶贫、精准脱贫工作仍然存在以下问题。

一 农民思想观念有待转变

一些贫困户文化素质低，思想观念落后，小农意识根深蒂固，思维方式和行为方式落后，小富即安、"等靠要"的依赖思想严重，凡事都等国家和社会的救助，发展家庭经济缺计划，缺技术、缺管理能力，缺乏勤劳、自强精神，自我发展能力有待提高。调查显示，有高达 58.62% 的贫困户认为与多数亲朋好友当前生活状况差不多，有高达 44.83% 的贫困户认为与本村多数人当前生活状况差不

[①] 赵迎芳:《当代中国文化扶贫存在的问题与对策》,《理论学刊》2017 年第 5 期。
[②] 姜洁:《中央纪委公开曝光九起扶贫领域腐败问题典型案例》,《人民日报》2017 年 8 月 24 日。

多，甚至还有 13.79% 的贫困户认为，要比本村多数人当前生活状况好一些。这充分暴露了贫困户安于现状、自身发展动力不足的问题。

二 农业产业结构有待优化

近年来，莫高镇通过算对比账引导农民大幅压缩棉花面积，稳步增加特色林果、设施瓜菜面积，顺势发展食葵、枸杞、草畜等产业，产业结构调整力度前所未有。但是，由于部分农民对多年来的耕作种植习惯难以改变等，棉花、玉米、小麦等传统低效产业依然存在，农业与二三产业、科技融合发展的形式单一、层次不高，产业结构还不够优化，农民增收空间小，增收难度大。

三 基础设施有待完善

针对农村基础设施薄弱问题，敦煌市采取了大量措施，目前新店台村基础设施建设取得了显著成效，基础设施水平得到了显著提高。但是，由于底子薄，生产性、生活性、生态性等基础设施有待进一步完善，亟须加大资金投入力度，加强制度建设，建立长效机制。

四 科技应用水平有待提升

受全国农产品供大于求、价格低迷以及天气影响，加之农户对农产品标准化生产认知程度不高、品牌意识不强、市场观念不新，新品种、新技术、新成果运用不广泛，标准化生产技术没有真正落实到千家万户、田间地头，导致农产品品质不好、质量不高，出现"销售难"现象。此外，急需加强农户科技培训，提高农户科技素质。

五 农村环境面貌有待改善

尽管新店台村通过美丽乡村试点、"一事一议"项目实施、村容村貌整治，全村环境面貌得到了根本改善，但由于农民环境意识不强、长效机制落实不到位等因素，门前"三堆"、乱堆乱放、乱搭乱建等现象依然存在，影响了敦煌国际旅游名城建设进程。

六 扶贫帮扶力度有待加强

近几年，农产品价格持续低迷，脱贫群众出现农产品滞销的现象，严重影响了脱贫群众的家庭收入增加，返贫趋势明显。敦煌市于2015年底整体脱贫，上级有关部门取消了对敦煌市财政专项扶贫资金的投入，加之敦煌市财政较为困难，致使各方面的投入不足，不能完全满足脱贫群众的发展需求，新店台村脱贫户的返贫压力大。

第五章

新店台村扶贫脱贫对策建议

第一节　引导农民解放思想，激发内生动力

　　思想是行动的先导。一些贫困户文化素质低，思想观念落后，小农意识根深蒂固，思维方式和行为方式落后，小富即安、"等、靠、要"的依赖思想严重，凡事都等国家和社会的救助，发展家庭经济缺计划，缺技术、缺管理能力，缺乏勤劳、自强精神，自我发展能力有待提高。习近平总书记指出："'安贫乐道'，'穷自在'，'等、靠、要'，怨天尤人，等等，这些观念应全在扫荡之列。弱鸟可望先飞，至贫可能先富，但能否实现'先飞''先富'，首先要看我们头脑里有无这种意识。所以我认为，当务之急，是我们的党员、我们的干

部、我们的群众都要来一个思想解放，观念更新，四面八方去讲一讲'弱鸟可望先飞，至贫可能先富'的辩证法。"[1] 因此，人穷最怕志短，扶贫先扶志，要进一步引导农户解放思想，转变观念，瞄准贫困户切实需求，为贫困户脱贫攒足底气、找到方法，让贫困户参与扶贫开发规划制定、扶贫项目建设、管理和监督全过程，充分尊重农民意愿和民主权利，充分调动自我脱贫致富的积极性、主动性和创造性。

第二节　果进棉退扩大养殖，优化产业结构

产业扶贫是精准脱贫的有效途径，这是因为产业扶贫能够使得贫困地区逐渐摆脱靠接受救济为主的发展模式，逐步转变为谋求主动发展的模式，从而实现贫困治本。贫困地区产业结构调整的首要任务是做强第一产业，切实解决现阶段农业发展所存在的诸多问题。[2] 受对市场需求的认知不准以及多年来的耕作种植习惯等影响，许多贫困群众不愿意调整种植结构，导致农业产出效率低、收益差。要坚持"果进棉退、扩大养殖、调优结构"的思路，给贫困群众算对比账、增收账，扩大特色林果、设施瓜菜的种

---

① 《习近平：摆脱贫困》，福建人民出版社，1992。

② 李娜：《产业结构调整助力精准扶贫探索》，《合作经济与科技》2018年第15期。

植面积，提高种草养畜的产业比例，为提高贫困群众农业产出、促进长效增收奠定基础。同时，根据养殖业增收周期短、增收见效快的特点，必须要抓实养殖产业，做好"加大基础母羊调引力度、协助建设标准圈舍、督促进行标准化养殖"三篇文章，确保贫困户在养殖产业上实现快增产、快增收。

第三节　强化农民技能培训，提高劳动技能

农业劳动力素质不高是影响农民脱贫和改变农业农村落后面貌的根本制约因素，可以说，对农民进行培训是贫困地区面临的长期而艰巨的任务。对于新店台村而言，党员干部要充分利用驻村入户的有利时机，深入乡镇村组多渠道开展劳务宣传。组织开展人力资源招聘会、劳务对接洽谈会等活动，引导群众树立"输出就是就业、就业就能增收、增收就能脱贫"的观念，为劳动力有序输转打下坚实基础。实施新型农户培训工程，充分利用现有政策，积极开展实用技术和职业技能培训工作，搭建培训平台，为外出务工人员提供劳动技能、生产安全、法律法规知识、城市生活常识等方面的培训，把新型农民培养成有技能的劳动者，而不是仅有体力的农民工。

第四节　建立优化工作机制，加强制度建设

一是建立多元投入机制，在畅通现有投入渠道的基础上，探索建立政府支农项目投入管理协调机制，全力解决基础设施薄弱、产业发展后劲不足等问题，逐步形成支农投入规模稳定增长的新格局。

二是建立社会参与机制，探索推进以友好县市、对口支援、村企结对帮扶为主题的帮扶共建，建立优势互补、合作共赢的长效帮扶机制；建立社会扶贫爱心信息平台，实现各类企业、社会组织和个人的捐赠意向与贫困户脱贫需求对接，开展常态化帮扶工作。

三是建立金融服务机制，积极引导银行机构、保险公司、担保公司开展合作，构建多样化的立体支农模式，拓展延伸多种金融服务手段，在解决贫困农户贷款难题的同时，进一步提高农业生产抗风险能力。

四是建立激励约束机制，继续把巩固扩大帮联成效工作纳入领导班子和领导干部考核机制，完善干部述职、约谈提醒、督查问责等制度，引导和督促广大干部把帮扶工作责任紧紧扛在肩上、牢牢记在心上、时时抓在手上，实现帮扶工作长期化、制度化。

第五节　加大扶贫帮扶力度，巩固脱贫成果

　　脱贫人口的返贫问题成为蚕食扶贫开发工作成果和阻碍扶贫目标顺利实现的顽疾。据统计，中国农村脱贫返贫率最高可达 30%，且随着贫困标准的提高返贫率会逐步上升，主要原因包括政策性返贫、能力缺失返贫、环境返贫和发展型返贫等。受农产品价格持续低迷、专项扶贫资金投入缩减等多因素影响，新店台村脱贫户的返贫压力大。应当加大扶贫帮扶力度，一方面要积极申请扶贫资金，保证资金投入。敦煌市应积极向上汇报、沟通，在扶贫资金分配上继续对敦煌给予支持，加大扶贫资金投入力度，减少返贫压力，进一步巩固脱贫成果。另一方面，要建立动态管理机制，预防返贫发生。按照帮扶关系、帮扶责任"两不变"的原则，制定定期入户和动态监测管理办法，对出现返贫倾向的脱贫户，及时与民政、残联等部门衔接，做好社会兜底工作，做到脱贫不脱钩，确保致富不返贫。

附 录

附录一　甘肃省和酒泉市相关扶贫政策概要

一　甘肃省提出的"1236"扶贫攻坚行动

"一个核心",即持续增加贫困群众收入,确保贫困地区农民人均纯收入增幅高于全省平均水平以上。"两个不愁",即稳定实现扶贫对象不愁吃、不愁穿。"三个保障",即保障扶贫对象义务教育、基本医疗和住房。"六大突破",即基础设施建设、富民产业培育、易地扶贫搬迁、金融资金支撑、公共服务保障、能力素质提升突破。

二　甘肃省提出的"八大行动"

千名干部挂职精准扶贫、副厅级及副厅级后备干部到贫困县挂职、干部能力素质锻造、引进金融和科技人才、专业技术人才对口帮扶、农村实用人才培养开发、大学生村官精准扶贫建功立业、贫困村党组织书记集中轮训。

三　甘肃省提出的两项机制

干部人才支持计划资金保障机制和精准扶贫干部激励约束机制。

四　甘肃省关于驻村干部帮扶时间要求

每年达到 220 个工作日以上（含因公出差、开会和培训），其中驻村时间达 160 天以上。

五　酒泉市提出的三个"1/3"

各单位领导班子成员和工作人员 1/3 留在单位抓业务、1/3 抓精准扶贫、1/3 抓项目建设和招商引资。

六　酒泉市精准扶贫六项重点工作

精准识别扶贫对象、培育壮大富民产业、着力改善基础设施、全面发展社会事业、创新精准扶贫方式、认真落实各项政策。

七　酒泉市精准扶贫脱贫增收模式

户均输转 1 个劳动力、种植 2 亩高效田、饲养 30 只羊。

八　酒泉市移民村基础设施建设"3 个全覆盖""4 个全配套"

"3 个全覆盖"即贫困村安全饮水、危房改造、通村道路等全部覆盖。

"4个全配套"即水利设施、农田林网、农村快递、信息网络等全部配套。

九 "五步一公示"贫困户识别程序

户申请、组评议、村审查、乡审核、市审定，公开公示。

十 酒泉市精准扶贫帮扶责任制

地级干部负责包片抓组、县级干部包组抓户、科级干部蹲点包户。

十一 贫困户建档立卡工作要做到"五清""五有"

"五清"：底数清、问题清、对策清、责任清、任务清。

"五有"：有村情档案；有问题台账；有需求清单；有领导联系、单位帮扶、干部驻村工作台账；有村级综合信息监管平台和增收计划、脱贫时限。

附录二　新店台村调查问卷统计

附表2-1　家庭成员

单位：%

变量	总体 样本数	总体 占比	贫困户 样本数	贫困户 占比	非贫困户 样本数	非贫困户 占比
一、家庭户数	61	100.00	29	100.00	32	100.00
二、成员个数	61	100.00	29	100.00	32	100.00
1	1	1.64	1	3.45		
2	12	19.67	4	13.79	8	25.00
3	18	29.51	9	31.03	9	28.13
≥4	30	49.18	15	51.72	15	46.88
三、文化程度						
①文盲	13	21.31	5	17.24	8	25.00
1	2	3.28	2	6.90		
2	10	16.39	2	6.90	8	25.00
3	1	1.64	1	3.45		
≥4						
②小学	27	44.26	14	48.28	13	40.63
1	17	27.87	8	27.59	9	28.13
2	8	13.11	4	13.79	4	12.50
3	2	3.28	2	6.90		
≥4						
③初中	45	73.77	22	75.86	23	71.88
1	10	16.39	3	10.34	7	21.88
2	19	31.15	11	37.93	8	25.00
3	15	24.59	8	27.59	7	21.88
≥4	1	1.64			1	3.13
④高中	14	22.95	7	24.14	7	21.88
1	13	21.31	7	24.14	6	18.75
2	1	1.64			1	3.13
3						
≥4						
⑤中专（职高技校）	10	16.39	3	10.34	7	21.88
1	8	13.11	3	10.34	5	15.63
2	2	3.28			2	6.25
3						
≥4						
⑥大专及以上	13	21.31	9	31.03	4	12.50

变量	总体		贫困户		非贫困户	
	样本数	占比	样本数	占比	样本数	占比
1	11	18.03	9	31.03	2	6.25
2	2	3.28			2	6.25
3						
≥4						
四、健康状况						
①长期慢性病人数	25	40.98	13	44.83	12	37.50
1	21	34.43	10	34.48	11	34.38
2	4	6.56	3	10.34	1	3.13
3						
≥4	1	1.64	1	3.45		
②患有大病人数	9	14.75	8	27.59	1	3.13
1	8	13.11	7	24.14	1	3.13
2	1	1.64	1	3.45		
3						
≥4						
五、劳动能力						
①普通劳动力	52	85.25	25	86.21	27	84.38
1	13	21.31	10	34.48	3	9.38
2	26	42.62	13	44.83	13	40.63
3	11	18.03	2	6.90	9	28.13
≥4	2	3.28			2	6.25
②技能劳动力	9	14.75	4	13.79	5	15.63
1	7	11.48	4	13.79	3	9.38
2	1	1.64			1	3.13
3	1	1.64			1	3.13
≥4						
③丧失部分劳动力	20	32.79	14	48.28	6	18.75
1	16	26.23	11	37.93	5	15.63
2	3	4.92	2	6.90	1	3.13
3						
≥4	1	1.64	1	3.45		
④无劳动能力但有自理能力	15	24.59	9	31.03	6	18.75
1	11	18.03	6	20.69	5	15.63
2	4	6.56	3	10.34	1	3.13
3						
≥4						
六、务工状况						
①乡镇内务工	18	29.51	10	34.48	8	25.00

变量	总体		贫困户		非贫困户	
	样本数	占比	样本数	占比	样本数	占比
1	4	6.56	1	3.45	3	9.38
2	10	16.39	8	27.59	2	6.25
3	3	4.92	1	3.45	2	6.25
≥4	1	1.64			1	3.13
②乡镇外县内务工	22	36.07	9	31.03	13	40.63
1	9	14.75	6	20.69	3	9.38
2	10	16.39	2	6.90	8	25.00
3	3	4.92	1	3.45	2	6.25
≥4						
③县外省内务工	7	11.48	3	10.34	4	12.50
1	4	6.56	2	6.90	2	6.25
2	1	1.64			1	3.13
3	1	1.64			1	3.13
≥4	1	1.64	1	3.45		
④省外务工	3	4.92	1	3.45	2	6.25
1	3	4.92	1	3.45	2	6.25
2						
3						
≥4						
七、务工时间						
①3个月以下	7	11.48	4	13.79	3	9.38
1	4	6.56	2	6.90	2	6.25
2	3	4.92	2	6.90	1	3.13
3						
≥4						
②3~6个月	22	36.07	9	31.03	13	40.63
1	9	14.75	6	20.69	3	9.38
2	9	14.75	2	6.90	7	21.88
3	4	6.56	1	3.45	3	9.38
≥4						
③无	24	39.34	13	44.83	11	34.38
1	5	8.20	3	10.34	2	6.25
2	10	16.39	4	13.79	6	18.75
3	4	6.56	3	10.34	1	3.13
≥4	5	8.20	3	10.34	2	6.25

附表 2-2　生活状况

单位：%

变量	总体		贫困户		非贫困户	
	样本数	占比	样本数	占比	样本数	占比
一、住房类型	60	98.36	28	96.55	32	100.00
①平房	57	93.44	28	96.55	29	90.63
②楼房	3	4.92			3	9.38
二、建筑材料	60	98.36	29	100.00	31	96.88
①草土坯	38	62.30	21	72.41	17	53.13
②砖瓦砖木	3	4.92			3	9.38
③砖混材料	18	29.51	7	24.14	11	34.38
④钢筋混凝土	1	1.64	1	3.45		
⑤其他						
三、最主要的取暖设施	61	100.00	29	100.00	32	100.00
①无						
②炕	23	37.70	13	44.83	10	31.25
③炉子	38	62.30	16	55.17	22	68.75
④土暖气						
⑤电暖气						
⑥空调						
⑦市政暖气						
四、是否有沐浴设施	60	98.36	29	100.00	31	96.88
①无	50	81.97	22	75.86	28	87.50
②电热水器						
③太阳能	3	4.92	3	10.34		
④空气能						
⑤燃气	1	1.64			1	3.13
⑥其他	6	9.84	4	13.79	2	6.25
五、互联网宽带家庭数	10	16.39	3	10.34	7	21.88
六、主要饮用水源	61	100.00	29	100.00	32	100.00
①经过净化处理的自来水	44	72.13	18	62.07	26	81.25
②受保护的井水和泉水	16	26.23	11	37.93	5	15.63
③不受保护的井水和泉水	1	1.64			1	3.13
④江河湖泊水						
⑤收集雨水						
⑥桶装水						
⑦其他水源						
七、管道供水情况	61	100.00	29	100.00	32	100.00
①管道供水入户	55	90.16	26	89.66	29	90.63
②管道供水至公共取水点	1	1.64			1	3.13
③没有管道设施	5	8.20	3	10.34	2	6.25
八、有无饮水困难	61	100.00	29	100.00	32	100.00

变量	总体		贫困户		非贫困户	
	样本数	占比	样本数	占比	样本数	占比
①单次取水往返时间超过半小时						
②间断或定时供水	50	81.97	23	79.31	27	84.38
③当年连续缺水时间超过15天						
④无上述困难	11	18.03	6	20.69	5	15.63
九、厕所类型	61	100.00	29	100.00	32	100.00
①传统旱厕	59	96.72	27	93.10	32	100.00
②卫生厕所	2	3.28	2	6.90		
③没有厕所						
④其他						
十、生活垃圾处理	61	100.00	29	100.00	32	100.00
①送到垃圾池等	31	50.82	12	41.38	19	59.38
②定点堆放	29	47.54	16	55.17	13	40.63
③随意丢弃	1	1.64	1	3.45		
④其他						
十一、生活污水排放	60	98.36	29	100.00	31	96.88
①管道排放						
②排到家里渗井	2	3.28	1	3.45	1	3.13
③院外沟渠	54	88.52	26	89.66	28	87.50
④随意排放						
⑤其他	4	6.56	2	6.90	2	6.25
十二、入户路类型	58	95.08	26	89.66	32	100.00
①泥土路	2	3.28	1	3.45	1	3.13
②砂石路	13	21.31	6	20.69	7	21.88
③水泥或柏油路	43	70.49	19	65.52	24	75.00
十三、住房满意度	60	98.36	28	96.55	32	100.00
①非常满意	2	3.28			2	6.25
②比较满意	14	22.95	6	20.69	8	25.00
③一般	35	57.38	16	55.17	19	59.38
④不太满意	7	11.48	4	13.79	3	9.38
⑤很不满意	2	3.28	2	6.90		
十四、家庭人均纯收入	61	100.00	29	100.00	32	100.00
①<1000元	23	37.70	12	41.38	11	34.38
②1000~1500元	3	4.92	2	6.90	1	3.13
③1500~2000元	5	8.20	4	13.79	1	3.13
④2000~2500元						
⑤2500~3000元	2	3.28	1	3.45	1	3.13

变量	总体		贫困户		非贫困户	
	样本数	占比	样本数	占比	样本数	占比
⑥≥3000元	28	45.90	10	34.48	18	56.25
十五、家庭主要收入来源	61	100.00	29	100.00	32	100.00
①工资性收入	26	42.62	13	44.83	13	40.63
②农业经营收入	20	32.79	9	31.03	11	34.38
③非农业经营收入	7	11.48	1	3.45	6	18.75
④财产性收入						
⑤赡养性收入	6	9.84	4	13.79	2	6.25
⑥低保金收入	1	1.64	1	3.45		
⑦养老金、离退休金收入	1	1.64	1	3.45		
⑧补贴性收入						
十六、家庭主要支出	61	100.00	29	100.00	32	100.00
①食品支出	35	57.38	14	48.28	21	65.63
②报销后医疗总支出	14	22.95	9	31.03	5	15.63
③教育支出	11	18.03	5	17.24	6	18.75
④养老保险费						
⑤合作医疗保险费						
⑥礼金支出	1	1.64	1	3.45		
十七、有如下财产的家庭数						
①彩色电视机	61	100.00	29	100.00	32	100.00
②空调	1	1.64	1	3.45		
③洗衣机	55	90.16	27	93.10	28	87.50
④电冰箱或冰柜	47	77.05	22	75.86	25	78.13
⑤电脑	10	16.39	6	20.69	4	12.50
⑥固定电话	6	9.84	4	13.79	2	6.25
⑦手机	58	95.08	28	96.55	30	93.75
⑧联网的智能手机	25	40.98	10	34.48	15	46.88
⑨摩托车/电动自行车（三轮车）	37	60.66	16	55.17	21	65.63
⑩轿车/面包车	6	9.84	4	13.79	2	6.25
⑪卡车/中巴车/大客车	3	4.92			3	9.38
⑫拖拉机	52	85.25	23	79.31	29	90.63
⑬耕作机械	18	29.51	11	37.93	7	21.88
⑭播种机	13	21.31	6	20.69	7	21.88
⑮收割机						
⑯其他农业机械						
十八、有家庭贷款户数	48	78.69	23	79.31	25	78.13
十九、借贷主体	48	78.69	23	79.31	25	78.13
①信用社	42	68.85	18	62.07	24	75.00

变量	总体		贫困户		非贫困户	
	样本数	占比	样本数	占比	样本数	占比
②银行	1	1.64	1	3.45		
③私人	4	6.56	3	10.34	1	3.13
④社区发展基金						
⑤贫困村互助资金						
⑥小额贷款公司						
⑦其他	1	1.64	1	3.45		
二十、贷款用途	48	78.69	23	79.31	25	78.13
①发展生产	24	39.34	6	20.69	18	56.25
②易地搬迁	1	1.64	1	3.45		
③助学	4	6.56	3	10.34	1	3.13
④助病助残	8	13.11	6	20.69	2	6.25
⑤婚丧嫁娶	1	1.64	1	3.45		
⑥生活开支	4	6.56	2	6.90	2	6.25
⑦其他	6	9.84	4	13.79	2	6.25
二十一、家庭在安全方面采取的防护措施						
①无	52	85.25	24	82.76	28	87.50
②安装防盗门	8	13.11	4	13.79	4	12.50
③安装警报器						
④参加社区巡逻						
⑤养狗	5	8.20	3	10.34	2	6.25
二十二、对家庭周围居住环境是否满意	60	98.36	29	100.00	31	96.88
①非常满意	8	13.11	3	10.34	5	15.63
②比较满意	17	27.87	11	37.93	6	18.75
③一般	21	34.43	12	41.38	9	28.13
④不太满意	13	21.31	3	10.34	10	31.25
⑤很不满意	1	1.64			1	3.13
二十三、对当前生活状况满意程度	61	100.00	29	100.00	32	100.00
①非常满意	5	8.20	2	6.90	3	9.38
②比较满意	7	11.48	3	10.34	4	12.50
③一般	14	22.95	9	31.03	5	15.63
④不太满意	29	47.54	12	41.38	17	53.13
⑤很不满意	6	9.84	3	10.34	3	9.38
二十四、与5年前相比，生活状况变化	60	98.36	29	100.00	31	96.88
①好很多						
②好一些	25	40.98	11	37.93	14	43.75

变量	总体		贫困户		非贫困户	
	样本数	占比	样本数	占比	样本数	占比
③差不多	11	18.03	8	27.59	3	9.38
④差一些	11	18.03	4	13.79	7	21.88
⑤差很多	13	21.31	6	20.69	7	21.88
二十五、与多数亲朋好友比，生活怎样	61	100.00	29	100.00	32	100.00
①好很多						
②好一些						
③差不多	30	49.18	17	58.62	13	40.63
④差一些	10	16.39	4	13.79	6	18.75
⑤差很多	21	34.43	8	27.59	13	40.63
二十六、与本村多数人比，生活怎样	61	100.00	29	100.00	32	100.00
①好很多						
②好一些	10	16.39	4	13.79	6	18.75
③差不多	21	34.43	13	44.83	8	25.00
④差一些	13	21.31	5	17.24	8	25.00
⑤差很多	17	27.87	7	24.14	10	31.25
二十七、觉得 5 年后，生活状况会怎样	61	100.00	29	100.00	32	100.00
①好很多	8	13.11	4	13.79	4	12.50
②好一些	16	26.23	8	27.59	8	25.00
③差不多	7	11.48	4	13.79	3	9.38
④差一些	7	11.48	2	6.90	5	15.63
⑤差很多	4	6.56	1	3.45	3	9.38
⑥不好说	19	31.15	10	34.48	9	28.13

附表 2-3　教育医疗

单位：%

变量	总体		贫困户		非贫困户	
	样本数	占比	样本数	占比	样本数	占比
一、2017 年上半年就学状态	24	39.34	12	41.38	12	37.50
①上幼儿园或学前班						
②上中小学	12	19.67	7	24.14	5	15.63
③上中等职业学校	5	8.20	2	6.90	3	9.38
④未上学	1	1.64			1	3.13
⑤失学辍学	2	3.28	1	3.45	1	3.13
⑥初中毕业离校						
⑦高中中专毕业离校	3	4.92	2	6.90	1	3.13

变量	总体		贫困户		非贫困户	
	样本数	占比	样本数	占比	样本数	占比
⑧其他	1	1.64			1	3.13
二、2016年上学的直接费用	17	27.87	12	41.38	5	15.63
① <2000 元	10	16.39	6	20.69	4	12.50
② 2000~5000 元	3	4.92	3	10.34		
③ 5000~10000 元	2	3.28	2	6.90		
④ 10000~20000 元	2	3.28	1	3.45	1	3.13
⑤ ≥ 20000 元						
三、2016年上学的间接费用	17	27.87	11	37.93	6	18.75
① <1000 元	6	9.84	3	10.34	3	9.38
② 1000~2000 元	5	8.20	5	17.24		
③ 2000~3000 元	1	1.64	1	3.45		
④ 3000~5000 元	2	3.28	1	3.45	1	3.13
⑤ ≥ 5000 元	3	4.92	1	3.45	2	6.25
四、未上学或者失学辍学的主要原因	4	6.56	1	3.45	3	9.38
①生病、残疾等健康问题						
②上学费用高、承担不起						
③附近没有学校	1	1.64			1	3.13
④附近学校不接收						
⑤孩子自己不想上	2	3.28	1	3.45	1	3.13
⑥家长流动						
⑦家庭缺少劳动力						
⑧其他	1	1.64			1	3.13
五、参加医疗保障情况						
①新农合	59	96.72	29	100.00	30	93.75
1	3	4.92	2	6.90	1	3.13
2	12	19.67	5	17.24	7	21.88
3	17	27.87	9	31.03	8	25.00
≥ 4	27	44.26	13	44.83	14	43.75
②城镇居民医保	6	9.84	3	10.34	3	9.38
1	2	3.28	1	3.45	1	3.13
2	2	3.28	1	3.45	1	3.13
3						
≥ 4	2	3.28	1	3.45	1	3.13
③商业保险	13	21.31	4	13.79	9	28.13
1	1	1.64			1	3.13
2	5	8.20	1	3.45	4	12.50
3	4	6.56	2	6.90	2	6.25
≥ 4	3	4.92	1	3.45	2	6.25

变量	总体		贫困户		非贫困户	
	样本数	占比	样本数	占比	样本数	占比
六、治疗总费用	31	50.82	18	62.07	13	40.63
① <2000 元	6	9.84	3	10.34	3	9.38
② 2000~5000 元	9	14.75	4	13.79	5	15.63
③ 5000~10000 元	6	9.84	3	10.34	3	9.38
④ 10000~20000 元	4	6.56	2	6.90	2	6.25
⑤ ≥ 20000 元	6	9.84	6	20.69		
七、没有及时治疗的主要原因	23	37.70	11	37.93	12	37.50
①经济困难	16	26.23	9	31.03	7	21.88
②医院太远						
③没有时间						
④不重视	3	4.92			3	9.38
⑤小病不用医						
⑥其他	4	6.56	2	6.90	2	6.25

附表 2-4　政治社会关系

单位：%

变量	总体		贫困户		非贫困户	
	样本数	占比	样本数	占比	样本数	占比
一、户主是否为党员	22	36.07	4	13.79	18	56.25
二、家里有几位党员	40	65.57	15	51.72	25	78.13
0	13	21.31	10	34.48	3	9.38
1	24	39.34	5	17.24	19	59.38
2	3	4.92			3	9.38
≥ 3						
三、你或家人是否参加了最近一次村委会投票	61	100.00	29	100.00	32	100.00
①都参加	35	57.38	16	55.17	19	59.38
②仅自己参加	17	27.87	7	24.14	10	31.25
③别人参加	1	1.64	1	3.45		
④都没参加	7	11.48	5	17.24	2	6.25
⑤不知道	1	1.64			1	3.13
四、你或家人是否参加了最近一次乡镇人大代表投票	61	100.00	29	100.00	32	100.00
①都参加	19	31.15	9	31.03	10	31.25
②仅自己参加	19	31.15	8	27.59	11	34.38
③别人参加	2	3.28	2	6.90		
④都没参加	14	22.95	7	24.14	7	21.88
⑤不知道	7	11.48	3	10.34	4	12.50

变量	总体		贫困户		非贫困户	
	样本数	占比	样本数	占比	样本数	占比
五、你或者家人在去年是否参加了村委会召开的会议	60	98.36	28	96.55	32	100.00
①都参加	21	34.43	8	27.59	13	40.63
②仅自己参加	27	44.26	12	41.38	15	46.88
③别人参加	2	3.28	2	6.90		
④都没参加	9	14.75	6	20.69	3	9.38
⑤不知道	1	1.64			1	3.13
六、参加农民合作社户数	9	14.75	3	10.34	6	18.75
七、参加文化娱乐或兴趣组织户数	10	16.39	3	10.34	7	21.88
八、亲戚中是否有干部						
①村干部	23	37.70	9	31.03	14	43.75
②乡镇干部	4	6.56	2	6.90	2	6.25
③县干部	1	1.64			1	3.13
④县以上干部						
⑤无	32	52.46	16	55.17	16	50.00

附表 2-5 扶贫脱贫：针对贫困户

单位：%

变量	贫困户	
	样本数	占比
一、最主要致贫原因		
①生病	17	60.00
②残疾		
③上学	6	20.00
④灾害		
⑤缺土地		
⑥缺水		
⑦缺技术		
⑧缺劳力	6	20.00
⑨缺资金		
⑩交通条件落后		
⑪自身发展动力不足		
⑫因婚		
⑬其他		
二、2015年以来得到的帮扶措施		
1.技能培训	3	10.34
①新生成劳动力职业教育（培训）		

变量	贫困户	
	样本数	占比
②劳动力转移就业培训	1	3.45
③农村实用技能培训	1	3.45
④贫困村致富带头人培训		
⑤其他	1	3.45
2. 小额信贷	3	10.34
3. 发展生产	3	10.34
（1）产业类型		
①种植业		
②养殖业	1	3.45
③林果业	1	3.45
④加工业		
⑤服务业		
⑥制造业		
（2）支持方式		
①资金扶持		
②产业化带动		
③技术支持		
④其他	1	3.45
4. 带动就业	3	10.34
5. 易地搬迁		
6. 基础设施建设	6	20.69
①自来水入户		
②小型水利建设	1	3.45
③蓄水池（窖）		
④电入户		
⑤入户路		
⑥危房改造	3	10.34
⑦设施农业大棚	1	3.45
⑧牲畜圈舍		
⑨基本农田建设改造	1	3.45
⑩沼气		
⑪ 其他		
7. 公共服务和社会事业	2	6.90
①教育补助		
②疾病补助	1	3.45
③灾害补助		
④低保补助	1	3.45
⑤ "五保"补助		

三、对本村贫困户选择的看法

变量	贫困户	
	样本数	占比
①非常合理	7	24.14
②比较合理	14	48.28
③一般	5	17.24
④不太合理		
⑤很不合理		
⑥说不清		
四、对本村安排的扶贫项目的看法		
①非常合理	7	24.14
②比较合理	15	51.72
③一般	1	3.45
④不太合理	6	20.69
⑤很不合理		
⑥说不清		
五、对本村到目前为止的扶贫效果的看法		
①非常好	7	24.14
②比较好	11	37.93
③一般	5	17.24
④不太好	1	3.45
⑤很不好		
⑥说不清	3	10.34

附表 2-6　扶贫脱贫：针对非贫困户

单位：%

变量	非贫困户	
	样本数	占比
一、对本村贫困户选择的看法	29	90.63
①非常合理	10	31.25
②比较合理	4	12.50
③一般	7	21.88
④不太合理	3	9.38
⑤很不合理	3	9.38
⑥说不清	2	6.25
二、对本村安排的扶贫项目的看法	31	96.88
①非常合理	11	34.38
②比较合理	6	18.75
③一般	4	12.50
④不太合理	6	18.75
⑤很不合理	2	6.25

变量	非贫困户	
	样本数	占比
⑥说不清	2	6.25
三、对本村到目前为止的扶贫效果的看法	32	100.00
①非常好	8	25.00
②比较好	3	9.38
③一般	10	31.25
④不太好	6	18.75
⑤很不好		
⑥说不清	5	15.63

参考文献

陈晓兰、沙万强、贺立龙:《当前扶贫开发工作面临的问题及政策建议——来自四川省广元市苍溪县的调查报告》,《农村经济》2016年第1期。

扶贫办:《未来几年努力解决大病患者因病致贫、因病返贫问题》,央视网,2017年4月21日。

《〈健康扶贫工程"三个一批"行动计划〉解读》,国家卫生计生委网站,2017年4月20日。

姜洁:《中央纪委公开曝光九起扶贫领域腐败问题典型案例》,《人民日报》2017年8月24日。

李娜:《产业机构调整助力精准扶贫探索》,《合作经济与科技》2018年第7期。

梁启方:《新疆巴里坤县农户贫困原因及对策建议》,新疆农业大学硕士学位论文,2013。

刘辉武:《精准扶贫实施中问题、经验与策略选择——基于贵州省铜仁市的调查》,《农村经济》2016年第5期。

汪三贵、刘未:《"六个精准"是精准扶贫的本质要求——习近平精准扶贫系列论述探析》,《毛泽东邓小平理论研究》2016年第1期。

习近平:《摆脱贫困》，福建人民出版社，1992。

张翼:《当前中国精准扶贫工作存在的主要问题及改进措施》，《国际经济评论》2016 年第 6 期。

张雨、张新文:《扶贫中的不精准问题及其治理——基于豫南 Y 乡的调查》，《湖南农业大学学报》（社会科学版）2017 年第 5 期。

赵迎芳:《当代中国文化扶贫存在的问题与对策》，《理论学刊》2017 年第 5 期。

郑瑞强、曹国庆:《脱贫人口返贫：影响因素、作用机制与风险控制》，《农林经济管理学报》2016 年第 6 期。

后　记

　　自 1978 年末至 2017 年末，中国贫困人口数量从 7.7 亿人下降至 3046 万人，累计减贫 7.4 亿人，贫困发生率从 97.5% 下降至 3.1%，对全球减贫的贡献率超七成。习近平总书记指出，在脱贫攻坚实践中，各地区探索了很多好经验好做法，要及时总结，让各地受启发、找差距、找方向，做到脱贫工作务实、脱贫过程扎实、脱贫结果真实，条件相似的可以照猫画虎来做，条件不同的地方则可以领会精神，得其方法，因地制宜，找到符合自身实际的有效途径。新店台村作为一个典型的西部远郊村，在脱贫攻坚实践中积累了丰富的经验，本书在实地调研基础上阐述了新店台村精准扶贫工作机制及脱贫效果。在此，感谢敦煌市委市政府、莫高镇党委政府以及新店台村村委会对本研究提供的大力帮助。

朱承亮

2019 年 12 月

图书在版编目(CIP)数据

精准扶贫精准脱贫百村调研. 新店台村卷 : 激发内
生动力 巩固脱贫成果 / 朱承亮著 . -- 北京 : 社会科
学文献出版社 , 2020.6
ISBN 978-7-5201-5212-9

Ⅰ.①精… Ⅱ.①朱… Ⅲ.①农村-扶贫-调查报告
- 敦煌 Ⅳ.① F323.8

中国版本图书馆CIP数据核字(2019)第150394号

·精准扶贫精准脱贫百村调研丛书·

精准扶贫精准脱贫百村调研·新店台村卷
——激发内生动力 巩固脱贫成果

著　　者 / 朱承亮

出 版 人 / 谢寿光
组稿编辑 / 邓泳红　陈　颖
责任编辑 / 吴　敏

出　　版 / 社会科学文献出版社·皮书出版分社 (010) 59367127
　　　　　地址：北京市北三环中路甲29号院华龙大厦　邮编：100029
　　　　　网址：www.ssap.com.cn
发　　行 / 市场营销中心 (010) 59367081　59367083
印　　装 / 三河市尚艺印装有限公司

规　　格 / 开　本：787mm×1092mm 1/16
　　　　　印　张：10.75　字　数：104千字
版　　次 / 2020年6月第1版　2020年6月第1次印刷
书　　号 / ISBN 978-7-5201-5212-9
定　　价 / 59.00元

本书如有印装质量问题，请与读者服务中心 (010-59367028) 联系